Sorprendido por la Fe
Donald A. Bierle

Traducido al español por
Carlos E. Fernández Silva

Para la traducción de versículos bíblicos en esta obra, se ha tenido en cuenta versiones modernas ampliamente difundidas en América Latina (especialmente La Santa Biblia Nueva Versión Internacional, la Reina-Valera Revisión de 1995 y la Biblia de las Américas), así como los textos en las lenguas originales (Biblia Hebraica Stuttgartensia, 5ª ed. y Nestle-Aland Novum Testamentum Graece, 27ª ed.).

Santa Biblia Nueva Versión Internacional ©1999 por la Sociedad Bíblica Internacional
Santa Biblia Reina-Valera Revisión de 1995 ©1995 por Sociedades Bíblicas Unidas
La Biblia de las Américas ®, Copyright ©1986, 1995, 1997 por The Lockman Foundation
Biblia Hebraica Stuttgartensia, 5ª ed. ©1967, 1977, 1997 por Deutsche Bibelgesellschaft, Stuttgart
Nestle-Aland Novum Testamentum Graece, 27ª ed. ©1898, 1981, 1993 por Deutsche Bibelgesellschaft, Stuttgart

Sorprendido por la Fe
Copyright ©2005
Donald A. Bierle
Traducido al español por:
Carlos E. Fernández Silva

ISBN 0-9745524-7-X

Publicado por Faith Studies International
105 Peavey Road, Suite 200
Chaska, MN 55318
Estados Unidos de América

Cualquier omisión de créditos ha sido involuntaria. El autor solicita que se le informe para las próximas impresiones.

Se reserva todos los derechos. Ninguna parte de este libro puede ser reproducida en cualquier forma sin permiso escrito del autor, excepto en el caso de citas breves en artículos de evaluación de la presente obra.

Se ha solicitado la clasificación de la Biblioteca del Congreso de los Estados Unidos.

Primera edición en español.   9 8 7 6 5 4 3 2 1

Contenido

Prólogo a la Segunda Edición

Prólogo

Reconocimientos

Créditos Fotográficos

Nota del Traductor

¿Por Qué Estoy Aquí? 15
- Caricaturas Personales de la Fe 16
- La Crisis de Propósito y Sentido 17
- Construyendo una Solución: la Afirmación de que Dios Existe 20
- Condiciones para la Verificación Razonable de la Afirmación de que Jesús es Dios 28

¿Es Veraz la Biblia? 33
- Sometiendo a Prueba la Integridad del Nuevo Testamento 34
- Sometiendo a Prueba la Confiabilidad Histórica del Nuevo Testamento 44
- Un Veredicto Altamente Probable 55

¿Es Jesús Realmente Dios? 59
- Sometiendo a Prueba la Afirmación de que Dios se Hizo Hombre 60
- Identificando las Opciones Lógicas 72
- La Evidencia Crítica: La Resurrección de Jesús 74
- Un Veredicto Altamente Probable 77

¿Puede Ser Razonable la Fe? 81
- Estereotipos Contemporáneos de la Fe 82
- Identificando los Principios Bíblicos de la Fe 83
- Descubriendo las Dimensiones de la Fe que Cambian la Vida 94

¿Dónde Estoy? 103
- El Análisis de la Incredulidad y de la Duda 104
- El Análisis de la Fe 108
- Lo Que Esto Implica 113

¿Cómo Puedo Conocer a Dios? 119
- Identificando el Principio Espiritual 120
- Ilustrando el Principio Espiritual 123
- Entendiendo Dos Preguntas 125
- Aplicando el Principio Espiritual 126
- Una Invitación Personal 134

Dando el Próximo Paso 137

Eventos y Recursos 139

Bibliografía 143

Notas 147

Prólogo a la Segunda Edición

En un mundo en el que el cambio ocurre tan rápidamente, que a menudo nos asombra y desconcierta, es refrescante y alentador encontrar un mensaje que tiene estabilidad y certeza. Ya han pasado 11 años desde que se publicó por primera vez *Sorprendido por la Fe*. Me parece increíble que hayan sido distribuidas ya casi 300,000 copias, con una lectoría probablemente dos o tres veces mayor.

El tema que se repite más frecuentemente en los comentarios de los lectores es la sorpresa, al descubrir la abrumadora evidencia científica e histórica que apoya la veracidad de la fe cristiana. De hecho, durante los últimos 10 años, el flujo de evidencia arqueológica que corrobora la precisión del texto del Nuevo Testamento se ha acelerado. La confianza en el texto del Nuevo Testamento y la historicidad de Jesús es mucho más grande hoy que cuando escribí por primera vez *Sorprendido por la Fe*. He incluido algunos de estos nuevos descubrimientos en esta segunda edición.

Otra respuesta frecuente de los lectores es la gozosa gratitud de experimentar la certeza y realidad de Dios en sus vidas. Para muchos lectores, la fe había sido un concepto escurridizo y vago. Ellos pensaban que Dios tenía que ver con la religión, pero no con una relación personal. *Sorprendido por la Fe* hizo que el mensaje (ya familiar, pero tantas veces dejado enteramente de lado) del amor de Dios, el perdón de pecado y la salvación por gracia –manifestado mediante la vida, muerte y resurrección de Jesucristo– llegara a ser real. La fe, entonces, se convirtió para ellos en el camino a una relación con Dios que les cambió la vida.

La necesidad de un libro como *Sorprendido por la Fe* también ha aumentado dramáticamente en la década pasada. La fuga de confianza en los absolutos y el creciente analfabetismo bíblico dejó a muchos dando manotazos de ahogado, desprovistos de propósito y sentido en sus vidas. La angustia ha llenado los corazones de otros, mientras contemplan el futuro. Yo he escuchado a cientos de personas relatarme sus historias de incertidumbre y, a veces, de desesperación. En *Sorprendido por la Fe* ellos encontraron las respuestas que los llevaron a una transformación espiritual, causada por Dios, y una nueva vida de paz y esperanza.

La nueva sorpresa para mí, durante la última década, ha sido que la aceptación de *Sorprendido por la Fe* ha trascendido barreras de geografía, idioma y cultura. El libro fue recibido con gran entusiasmo en la India, entre pastores y gente común. Lectores de naciones alrededor del mundo ya expresaron su interés como resultado de mi seminario sobre el libro en *Ámsterdam 2000*. La gente de habla hispana ha respondido positivamente. *Sorprendido por la Fe* ya ha sido traducido al ruso, hindi y tamil. Estamos a la espera de otras muchas traducciones. Mi sentir es que Dios apenas ha empezado Su labor de utilizar *Sorprendido por la Fe* ¡para Su gloria!

Mi oración es que esta segunda edición sea igualmente usada por Dios en los años venideros, para que sea un oasis en una sociedad a menudo desilusionada y sedienta espiritualmente, esta vez a escala mundial. Pero para que esto ocurra me doy cuenta, hoy más que nunca, de lo importante de abrazar la convicción del apóstol Pablo: "No les hablé ni les prediqué con palabras sabias y elocuentes sino con demostración del poder del Espíritu, para que la fe de ustedes no dependiera de la sabiduría humana sino del poder de Dios" (1 Corintios 2:4-5).

Prólogo

Me parece haber estado siempre en la escuela. Veintitrés años de mi vida se fueron recibiendo educación formal, desde la escuela primaria hasta el doctorado, pasando por dos maestrías. Ahora, por más de 30 años –y aún sigo contando– me las he pasado al otro lado del salón de clases como profesor y decano académico. La estimulación intelectual del ambiente académico ha moldeado, sin duda, el desarrollo de mi pensamiento. Siempre he visto los libros como algo maravillosamente positivo, como tesoros a explorar. Aún en la escuelita rural de un solo salón –a la que asistí desde el primer al octavo grado– yo devoraba todo libro que mi maestra sacaba de la biblioteca local. Aún ahora poca es la resistencia que me queda ante la deliciosa invitación que me hacen los volantes y catálogos de las editoriales que cruzan mi escritorio.

Me parece también que siempre he pensado en Dios. Habiendo crecido en una familia que tomaba en serio su herencia cristiana, yo había tenido considerable exposición a la instrucción religiosa. Pero más allá de eso, en mis pensamientos privados, me recuerdo a mí mismo paseando por el arroyo que pasaba por nuestra granja y preguntándome del "por qué" de todas las cosas, desde las sequías hasta la muerte de mi perro. Mi hambre por respuestas esenciales se remonta tan lejos como puedo recordar. Mi búsqueda de sentido le era evidente al viejo ministro alemán de nuestra iglesia. Esto lo llevó a hacernos una visita especial, cuando yo tenía 14 años, para motivar a mis padres a que me prepararan para el ministerio cristiano. En aquel tiempo, y en los años que seguirían, yo no veía "la iglesia" como fuente de respuestas. El campo de la ciencia había capturado mi fascinación. Satisfacía, por un tiempo y hasta cierto punto, mi tendencia inquisitiva hacia el mundo y la vida.

Cuando le añades el ser competitivo a una dosis de educación y a tener hambre por respuestas finales, te encuentras con la fórmula para la búsqueda intensa de propósito. Éste es el trasfondo de mucho del material autobiográfico incluido en este libro. Muchas de mis batallas las libré en la universidad, cuando comenzaba mi educación de posgrado. Por ese tiempo me había alejado de lo que percibía como un clima intelectual restrictivo de la religión tradicional, tal como yo la entendía. En lugar de ella había encontrado las actitudes liberadoras de la ciencia, que pensé ofrecían las promesas para la autorrealización que yo estaba buscando. Durante ese tiempo yo rechazaba mentalmente o contendía contra muchas de las enseñanzas tradicionales acerca de la Biblia, la creación, Jesucristo y la salvación. Me estaba preguntando "por qué", y no podía hallar soluciones. A veces sentía que debía haber algo malo conmigo, ya que mucha gente decía que "creía" sin necesitar respuestas.

Ahora me doy cuenta de que no había nada de malo con mi necesidad de respuestas, y, de que no estaba solo. También fui afortunado. En lo más intenso de mi búsqueda conocí a gente que se había formulado preguntas y había encontrado respuestas. Para ellos, el intelecto no era el enemigo de la fe. Mi encuentro con ellos estableció un fundamento razonable para la fe, que ha dado nuevo curso a mi vida. Por fin había hallado lo que en verdad me satisfacía.

Muchos han sido los años que han pasado desde entonces. Mi entendimiento de la evidencia y las razones a favor de la fe cristiana ha crecido enormemente. Empezando desde mediados de la década de los años setenta, empecé a presentar lo que había aprendido a grupos de personas interesadas que se reunían en hogares. Desde entonces, cientos de miles han participado en las sesiones de *FaithSearch (Encuentros de Fe)*, muchos de los cuales han sido escépticos, incluyendo a agnósticos y ateos. Mi objetivo ha sido crear un ambiente intelectual de respeto y que no sea amenazante, a fin de investigar la fe, en el que se incluya el uso de la lógica y la evidencia científica. El comentario más frecuente que continúo escuchando de creyentes y escépticos a la vez es: "¡Nunca había escuchado de esto antes! Ni siquiera sabía que había razones".

Estoy escribiendo este libro para aquellos que, hasta ahora, no han sido tan afortunados como yo para encontrar respuestas. Mi corazón se extiende hacia todo aquel a quien le preocupa la verdad y el propósito en la vida, pero piensa que la fe cristiana es intelectualmente inaceptable. También me interesan aquellos que se han sentido frustrados por la falta de habilidad para poder comunicar las razones de su fe, en términos que tengan sentido para los de afuera. Sea uno u otro el caso, espero que aquí encuentren mucha ayuda.

Al escribir el libro, he tratado de integrar dos elementos diferentes: (1) el recuento de mis luchas intelectuales y experiencias; y, (2) el subsiguiente desarrollo de mi entendimiento a través de la investigación y reflexión madura.

He tratado de mantener clara esta distinción a lo largo del libro. Por ejemplo, la mayoría de los diagramas en el texto fueron añadidos para clarificar algún aspecto de mi lucha anterior. De la misma manera, el entendimiento que obtuve de algunos de los relatos e ilustraciones de la Biblia vino solo, luego de estudio y reflexión posterior. He añadido ambos elementos a fin de dar al lector una perspectiva más completa de la fe.

El apóstol Pedro instó a los creyentes a que "estén siempre preparados para responder a todo el que les pida razón de la esperanza que hay en ustedes. Pero háganlo con gentileza y respeto" (1 de Pedro 3:15). Eso es lo que he tratado de hacer. Espero que ayude a muchos a encontrar el camino a la fe.

"Yo usé mi sabiduría para examinar todo esto. Yo estaba determinado a ser sabio, pero estaba fuera de mi alcance. ¿Cómo puede alguien descubrir lo que la vida significa? Pero volví mi atención hacia el conocimiento y estudio. Yo estaba determinado a encontrar la sabiduría y las repuestas a mis preguntas...".

Eclesiastés 7:23-25 (paráfrasis)

Reconocimientos

Este libro ha estado en preparación por muchos años. No me refiero al manuscrito precisamente, pero su contenido ha sido sometido a prueba en miles de vidas por más de tres décadas. Yo les estoy muy agradecido a mis estudiantes universitarios cuyos comentarios han sido tan útiles y penetrantes. Pero es a los cientos de miles que han participado de los eventos y clases de *FaithSearch*, en hogares, iglesias y auditorios que dedico este libro. Son ellos los que me han cuestionado, animado, invitado al diálogo, estimulado, regocijado, rechazado, llorado conmigo, debatido, inspirado y de alguna u otra manera me han hecho mantener los pies en la tierra. Ellos son, pues, la "carne y sangre" de este libro, y, mi gozo.

Quiero expresar especial aprecio a John Eagen, por su papel clave en los primeros años del desarrollo de *FaithSearch*. Si no hubiera sido por su iniciativa en aquel tiempo, *Faith Studies International* (*Estudios Internacionales de la Fe*) probablemente no se hubiera fundado.

Gracias especiales van a Joel Allen, David Lundstrom y Jake Barnett por leer el manuscrito y dar tantas sugerencias útiles. Agradezco especialmente a Jake, por ser tan demandante y por mantenerme honesto y coherente. Agradezco también a mi amigo Nathan Unseth, por la pericia empleada desde el manuscrito hasta la publicación. Aprecio en forma particular el tiempo y el ánimo para escribir que me dio la junta directiva de *Faith Studies International*. Siempre estuvieron allí, mis amigos fieles.

Finalmente, estoy en gran deuda con Dios por su regalo tan especial para mí, mi esposa Verneé. Ella fue desde temprano el catalizador en mi jornada de fe; y, continúa dándose sin egoísmo mientras compartimos la vida y el ministerio. De una manera muy real, ella es la coautora escondida de este libro.

CRÉDITOS FOTOGRÁFICOS

El autor extiende su sincero agradecimiento a los generosos fotógrafos o proveedores de las fotografías utilizadas, con permiso, en este libro.

Página 39: *Manuscrito Magdalen:* Utilizado con permiso del presidente y los directores del Magdalen College, Oxford

Página 46: *Osario de Jacobo:* Cortesía de la Sociedad de Arqueología Bíblica, Washington D.C.

Página 47: *Piedra de Poncio Pilato en Cesarea:* Cortesía del doctor Boyd Seevers

Página 49: *Sinagoga de Capernaúm:* Cortesía de Jerry Hawkes, de www.HolyLandPhotos.org

Inserto: Cortesía del doctor Carl Rasmussen, de www.HolyLandPhotos.org

Página 49: *Estanque de Siloé:* Cortesía del doctor Carl Rasmussen, de www.HolyLandPhotos.org

Página 66: *Casa de Pedro:* Cortesía del doctor Boyd Seevers

Página 70: *Barca de Jesús:* Cortesía de Jerry Hawkes, de www.HolyLandPhotos.org

Inserto: Cortesía del doctor Carl Rasmussen de www.HolyLandPhotos.org

Página 92: *Monte del Templo en Jerusalén:* Cortesía del doctor Carl Rasmussen, de www.HolyLandPhotos.org

Nota del Traductor

El traducir un libro, especialmente un libro que valga la tinta de ser traducido, es atreverse a ser cirujano plástico del idioma. Es tratar con afán que cada músculo quede en su sitio y no se note cicatriz; que cada idea logre saltar triunfalmente el abismo entre culturas diferentes. Es buscar que el texto no pierda ni función ni fuerza después de los cortes y los parches. Si tanto la cirugía como la traducción son exitosas, habrá belleza y vigor en el resultado.

He tenido que tomar algunas 'decisiones de quirófano' y deseo compartirlas contigo. Ya que *Sorprendido por la Fe* busca llegar al corazón a través de la mente, me he permitido invitarte a que nos tratemos de *"tú"*. Tratarnos de *"usted"* hubiera sido lo convencional, pero magro servicio le haría esto a la razón de esta obra. La licencia no es inmerecida pues el *"you"* inglés no distingue entre lo formal del *"usted"* y lo cálido y cercano de nuestro *"tú"*. Como tampoco hace diferencia entre el singular y el plural, ni entre el habla de España y América Latina, he preferido el *"ustedes"* del nuevo continente, pues queremos llevar el mensaje de renovación y esperanza de *Sorprendido por la Fe* a las principales ciudades de nuestras repúblicas hermanas. En las citas bíblicas he buscado tanto fidelidad como frescura de expresión. Cuando alguna versión de la Biblia en español ha logrado ambas, la he seguido, aunque teniendo en mente los textos en hebreo y griego.

Aunque parezca extraño, lo más difícil de traducir ha sido cómo nos hemos de llamar. Luego de años de crecimiento, los humildes *Estudios Inspiracionales en Hogares* llegaron a ser *Estudios Internacionales de la Fe* y luego *FaithSearch*, que literalmente quiere decir *Búsqueda de Fe*, con *Búsqueda* en el sentido de *Investigación* o *Examen Crítico*. Como nuestras búsquedas suelen ser más elásticas, he preferido resaltar el resultado de la búsqueda que ha llegado a buen puerto y, por lo tanto, llamar *Encuentros de Fe* las presentaciones del material desarrollado por el doctor Donald Bierle.

A diferencia de la Fe que animó a los personajes centrales de la Biblia –aquella sólida "certeza de lo que se espera, la convicción de lo que no se ve" (Hebreos 11:1)–, la Fe de nuestra tierra es una creencia devaluada y tambaleante, inmersa en una cultura que si bien aún no se atreve a negar la existencia de Dios, hace rato que niega a gritos Su relevancia. No es que Dios no exista, sino que está echándose una siesta. No está aquí; se fue de viaje. O, si existe, lo hace solamente en el reino de los duendes y las hadas. Siendo esto así, no ha de extrañarnos que el diccionario nos escupa que la fe es "un conjunto de creencias sin necesidad de estar confirmadas por la experiencia o la razón, que constituyen el fondo de una religión". Esto hace que el hombre y la mujer de hoy se sientan horriblemente huérfanos, como yo me sentía antes de saber que Dios sí quiere amarme y se goza en que yo lo conozca y le siga.

Este vacío, que sólo Dios puede llenar, y la falta de propósito y sentido que lo acompañan no nos son ajenos. En los años en que el tango –esa pena que se baila– hacía furor, *Cambalache* se hizo especialmente popular. Sería, tal vez, porque nuestros abuelos saboreaban lo tragicómico de una vida sin sentido en cada compás.

> Que el mundo fue y será una porquería ya lo sé...
> (¡En el quinientos seis y en el dos mil también!).
> Que siempre ha habido chorros, maquiavelos y estafaos,
> contentos y amargaos, valores y dublé...
> Pero que el siglo veinte es un despliegue
> de maldad insolente, ya no hay quien lo niegue.
> Vivimos revolcaos en un merengue
> y en un mismo lodo todos manoseaos...

Por cierto, la modernidad no ha hecho que el sinsabor se evapore. Joaquín Sabina lamenta la debacle de su otrora princesa-de-boca-de-fresa ("entre la cirrosis y la sobredosis andas siempre, muñeca") y Calamaro nos recuerda que "no se puede, no se puede vivir del amor... las deudas no se pueden pagar con amor... una casa no se puede comprar con amor... le dijo un soldado romano a Dios, no se puede vivir del amor".

Como salmón que remonta río arriba la corriente, *Sorprendido por la Fe* del doctor Donald Bierle se atreve a desafiar lo que todos dan por sentado, que la fe además de ser ciega tiene que ser tonta y que no es más que un sentimiento calientito. Si bien los hechos fundamentales de la fe cristiana rebasan toda lógica humana (que por amor a mí Dios se hizo pequeñito y se alojó en un vientre virgen, y, sin dejar de ser perfectamente Dios se hizo hombre, y, luego de una vida superlativamente recta y buena, pagó voluntariamente la multa de todas mis trasgresiones y pecados con Su sangre, para luego levantarse victoriosamente de la muerte y que ahora desea obsequiarme vida y amistad eterna si acepto a Jesús como mi Señor y Salvador, y como prueba de ello me da de Su Espíritu cuando me arrepiento y creo), no podemos negar que la intrusión de Dios en la historia en el tiempo señalado (Gálatas 4:4) es el hecho mejor documentado de toda la historia humana. El Nuevo Testamento no sólo cuenta con más manuscritos que toda la literatura antigua, sino que las copias más tempranas que tenemos se remontan en forma fidedigna hasta la generación de los discípulos de los testigos oculares y aún antes. Además, aunque nadie cambia cuando sabe de Aristóteles, cada día son miles en el mundo las vidas que florecen cuando entran en contacto con Jesús. Es que, a diferencia de las sórdidas ideas de Marx o de las postulaciones imposibles de Darwin (¡en verdad que aún no he conocido a taxista que se trague que su automóvil es producto de generación espontánea!), los cristianos no siguen ideas, porque lo nuestro no es filosofía. Seguimos a una persona, a Jesucristo el Mesías, un Ser perfectamente histórico (Lucas 2:1-6; 3:1-38) y a la vez divino (Juan 1:1-3, 14) que está vivo y sigue cambiando vidas y, entre ellas, la mía.

Hay libros que se leen en pocas horas, pero que toman toda la vida para escribirse. Creo que estaremos de acuerdo con que *Sorprendido por la Fe* es uno de ellos. Pensé que podía traducirlo en unas cuantas semanas, pero pronto me di cuenta de que, además, de cirujano también la tenía que hacer de obstetra. Para que no sea una traducción acartonada como muchas, tuve que hacer que este libro vuelva a nacer en castellano, llano y sencillo, a través de sucesivas revisiones, dando preferencia al habla de hoy que a la gramática de ayer. Esto me llevó lo mejor de un verano, mi último antes de terminar la maestría en Idiomas Bíblicos en el Seminario Teológico de Dallas. Durante los meses que siguieron, un calificado panel de lectores revisó la traducción para garantizar que ésta sea fiel al original y fácil de entender en nuestras repúblicas hermanas. Agradezco en especial a Tomás Pace, y Pablo y Elizabeth Ferradas en el Perú; a Jerry Glass en el Uruguay; y a Ronald Blue, Daniel Thornberg, Joyce Houck y Lenín Huamán en los Estados Unidos. Mis agradecimientos también van a Susana Jó de Field, quien con solícita minuciosidad revisó el texto y la diagramación que con tanto esmero hicieron Rick Wattman y Sandi Torrini.

Ya que la historia del doctor Bierle y la mía son historias paralelas, me pareció que mucho de lo escrito no lo estaba traduciendo sino contándolo yo mismo. Si bien había logrado éxitos académicos y profesionales, a los 32 años, mi vida estaba en ruinas. Fue en ese entonces que supe del Evangelio (es decir, "el buen anuncio") a través del incesante testimonio de mi secretaria, Rossana Pinedo, cuya coherencia entre lo que decía y vivía nunca dejó de impresionarme. Los pasajes bíblicos que me empujaba a leer y *Evidencia que Exige un Veredicto* de Josh McDowell hicieron que abandonara mi agnosticismo y me pusiera a buscar.

Luego de la presentación de la vida de Jesús en una obra de Semana Santa en la iglesia evangélica de mi barrio, por fin se me amaneció que yo era un pecador sin esperanza que no podía –mediante ningún ritual, truco místico o rosario de obras buenas– ganarme el favor salvador de Dios. A diferencia del relojero eternamente dormido de los filósofos y del tipo dulzón con barba blanca de las estampitas de mi niñez, el Dios de la Biblia y la historia era real. A pesar de ser profundamente personal y de amarme intensamente, Él también era infinitamente justo y no haría caso omiso de sus decretos imparciales. Como mis múltiples ofensas le eran grave agravio, yo estaba bajo doble sentencia de muerte. Experimentando ya que no tenía compañerismo con Él, me di cuenta también de que era justo que permaneciera separado de Él para siempre.

El pecado ya no era una cosa trivial que me sacudo en tres minutos conversando con un cura, sino una cosa tan grave que ningún hombre podía pagar. Yo debía aceptar mi único puente a Dios: la cruz de Jesús, quien con los brazos abiertos quería perdonarme y darme vida eterna.

Por cierto, mi entendimiento de todas estas cosas no era tan claro como lo es ahora, pero después de leer la Biblia con detenimiento ya no consideraba estas realidades como cosas remotas, como lo son los axiomas de la geometría o la lista de los ríos del África, sino como verdades vivas por las cuales ansiaba vivir. Desde ese entonces, el Espíritu de Dios empezó a cultivar el jardín de mi ser interior. Y así pude comprobar que el "fruto del Espíritu es amor, gozo, paz, paciencia, benignidad, bondad, fe, mansedumbre y templanza..." (Gálatas 5:22, 23a). Te invito a que tú también lo compruebes ¡y quedes *sorprendido por la fe!*

Si en algo puedo serte útil, no dudes en escribirme a mi casilla electrónica: cfernandez@faithsearch.org.

Carlos E. Fernández-Silva
Conferencista para América Latina, España
y Poblaciones Hispanas de Estados Unidos

Sorprendido por la Fe, *"fortalecerá tu propia fe en Dios, en la confiabilidad de la Biblia, y en la verdad de Jesucristo".*
— Dr. Billy Graham

"Simple, conciso, y de valor infinito... Este libro no decepciona".
— Dr. D. Jaime Kennedy, Ministerios Coral Ridge

Si tuvieras preguntas acerca de este libro, te animamos a ponerte en contacto con nosotros. Lo presentado en *Sorprendido por la Fe* está también disponible a través de presentaciones personales del doctor Bierle, y su equipo de conferencistas, llamadas **Encuentros de Fe**. Estas actividades son un ministerio de *Faith Studies International (Estudios Internacionales de la Fe)*. Si deseas programar un **Encuentro de Fe** en tu localidad o deseas información sobre las versiones de audio o video o de otros eventos y recursos de *FaithSearch*, por favor escríbenos o llámanos:

FaithSearch
105 Peavey Road, Suite 200
Chaska, MN 55318
Estados Unidos de América
Teléfono: (952) 401-4501
E-mail: splf@faithsearch.org

Te invitamos también a visitar nuestro nuestra página web:
www.faithsearch.org

CAPÍTULO 1

¿POR QUÉ ESTOY AQUÍ?

La Crisis de Propósito y Sentido
Cómo Examinar Si Dios Existe

"La muerte es la estadística final. Uno de cada uno se muere".

Jorge Bernardo Shaw, dramaturgo

"La certeza de la existencia de un Dios que daría sentido a la vida ejerce una mayor atracción que el saber que sin Él uno puede hacer el mal sin ser castigado. Pero no hay opción; y, es aquí donde empieza la amargura. Confrontado con el mal, confrontado con la muerte, el hombre pide justicia a gritos desde las profundidades de su propia alma".

Alberto Camus (El Rebelde)

Puede que algunos cuestionen mi derecho a enseñar acerca de la fe porque no siempre he sido amable con ella. Como atleta universitario, yo solía disfrutar de las burlas que nosotros, los deportistas, hacíamos de los tipos religiosos en el recinto universitario. Después, como estudiante de posgrado en Biología, yo celebraba cada vez que cierta revista religiosa le llegaba a otro estudiante. Aquellas ocasiones eran momentos de júbilo especial para nosotros, los intelectuales de varias disciplinas, que nos reuníamos para comentar la ingenuidad de la gente que escribía en tales publicaciones.

Caricaturas Personales de la Fe

Durante la universidad y el posgrado en ciencias naturales, yo era un cínico hacia la fe y la gente religiosa. Yo veía la fe como algo antiintelectual, una excusa para la falta de conocimiento sólido. La ciencia, por el otro lado, trataba con la verdad objetiva en un mundo real. La fe religiosa no era verdad; era preferencia personal y opinión. La fe más fuerte era la del creyente que se aferraba sin evidencia real o, peor aún, ¡a pesar de la evidencia en contra!

Más todavía, yo caricaturizaba la fe como una emoción. Era una especie de red de seguridad para el menos informado y el inseguro. Esta gente usaba la religión para generar un falso sentimiento de confianza. Pero yo sospechaba que eso era una ilusión. En realidad, pensaba yo, había muy poca sustancia ahí.

Era mi tercera caricatura la que revelaba más acerca de mí. Yo sentía que la fe religiosa era una muleta para la gente débil. Mis colegas en la ciencia estaban de acuerdo conmigo. Estaba bien si ayudaba a aquellos que no podían lidiar con la vida; pero, a mí, "me iba muy bien sin ella, ¡muchas gracias!".

Esta perspectiva, sin embargo, no era enteramente adecuada. Ni me satisfacía ni me proveía respuestas en la lucha con las cuestiones importantes de la vida. Yo, como otros, lidiaba con preguntas y temores acerca de la muerte, sentimientos de culpa personal, y, era consciente de la falta de sentido final de la vida. Clark Pinnock, un teólogo contemporáneo, había escrito lo que yo sentía por ese tiempo:

> Estamos experimentando... una pérdida de sentido en nuestro tiempo. De acuerdo con el humanismo, por ejemplo, un hombre o una mujer viene al mundo desprovisto de cualquier valor inherente, sentido o dirección, enteramente a la deriva. No hay ninguna jerarquía de propósito mayor en el cual sus vidas participen. No tienen significado o valor que no hayan creado ellos mismos. Lógicamente, son llevados a simpatizar con Macbeth: "La vida es un cuento, contado por un idiota, lleno de sonido y furia, pero que no significa nada"[1].

¿Por qué estaba yo en este planeta? ¿Qué significado y valor tenía mi vida? Hace algunos años, los Beatles, la sensación musical de aquel entonces, se hacían una pregunta similar:

*Él es un hombre de ningún lugar
Que se sienta en su tierra sin lugar
Haciendo todos sus planes sin lugar para nadie.*

*No tiene punto de vista,
Ni sabe a dónde va.
¿No se parece un poquito a ti y a mí?*[2]

El novelista ruso, Tolstoi, lo puso de esta manera: "¿Para qué es esta vida? ¿Para morirse? ¿Para matarse de una vez? No, tengo miedo. ¿Para esperar que la muerte llegue? Me aterra aún más. Entonces debo vivir. ¿Pero, para qué? ¿Para morirme? Y yo no puedo escapar de este círculo"[3]. Eran preguntas como éstas las que me llevaron a reexaminar la naturaleza de la fe. Me di cuenta de que mi perspectiva era realmente una caricatura, una distorsión de la fe de tira cómica, pero no la cosa real.

> *"La pregunta del sentido y el valor de la vida nunca se vuelve más urgente o más agonizante que cuando vemos al aliento final irse de un cuerpo que hace apenas un momento estaba vivo".*
>
> Carl Jung, psicólogo

La Crisis de Propósito y Sentido

Identificando el Problema: Un Huérfano Limitado

Tal vez una ilustración nos ayude en este punto. Imagínate conmigo que nada existe: el universo entero se ha esfumado. Tampoco existimos nosotros. Ahora imaginemos que aparece un poco de tierra en este vacío. Algunos pueden preferir llamarlo sustancias químicas o la tabla periódica de los elementos. Para indicar que esto es de naturaleza finita, vamos a poner esta tierrita dentro de un triángulo. ¿Cuál es el propósito de esta tierra? Cada respuesta a esta pregunta presupone la existencia de algo más. Por ejemplo, este poco de tierra puede existir para que crezcan las plantas o ser el suelo para que haya árboles o edificios. Pero no hay plantas ni edificios, sólo un poco de tierra. Si este poco de tierra es *lo único* que existe, no podemos demostrar su propósito.

Gráfico 1. [Un Poco de Tierra]

Para resolver el problema de este poco de tierra, supongamos que algo de pasto aparece, de repente, encima de este poco de tierra en nuestro universo imaginario. Ahora, esta tierrita tiene propósito: sirve para que crezca el pasto. Pero, ¿y qué del pasto? En un universo que tiene sólo tierra y pasto, ¿cuál es el propósito del pasto? Algunos de ustedes me dirán socarronamente: "¡Para jugar fútbol!". Pero no hay futbolistas. Otros pueden sugerir que es para que haya alimento o belleza o para que disfrutemos de su suavidad bajo nuestros pies. Pero no existe nada que coma o que vea o que pueda disfrutar de una caminata sobre este colchón de pasto. Sólo están el pasto y el poco de tierra[4].

Gráfico 2.

En un escenario distinto, el pasto pudiera hallar propósito en el contexto de un universo que tenga vacas. El pasto ahora existe para que las vacas puedan comer y vivir. Pero, ¿qué hemos de decir del propósito de las vacas? ¿Para fertilizar el pasto? ¿Para producir leche? ¿Y para qué o para quién? En un mundo finito, las vacas pueden morirse una por una para que haya sitio para otras vacas. Sin embargo, esto sugiere que la única razón de estas vacas sin propósito es hacerles sitio a más vacas carentes de propósito. Ésta no es una respuesta satisfactoria y, así, regresamos a donde empezamos. ¿Cuál es el propósito?

Gráfico 3.

Parte del problema, hasta este punto, es que no hay criaturas racionales a la vista. Sólo los seres con capacidad racional, voluntad y emoción estarían preocupados por descubrir el sentido de este planeta imaginario. La tierra, el pasto y las vacas ni buscan ni reconocen propósitos. ¿Y qué si los seres humanos, capaces de reflexión racional y poseedores de valores estéticos aparecieran en este triángulo? Ahora, con la humanidad ya presente, todo está completo. La tierra existe para que el pasto crezca. El pasto encuentra su propósito en ser forraje para las vacas. Y la tierra, el pasto y las vacas están allí para que la humanidad tenga sentido y propósito.

> *"La vida es solamente un truco sucio, una pequeña jornada de la nada a la nada".*
> Ernest Hemingway, novelista norteamericano

¿Pero cuál es el propósito? ¿Por qué *es* que existe la gente en este mundo imaginario? Desde su condición y perspectiva limitada, lo mejor que el hombre puede

¿Cuál es el propósito y sentido final de nuestras vidas si esto es todo lo que existe?

Gráfico 4.

responder en cuanto al sentido de su vida es: "¡para cavar la tierra!, ¡cortar el pasto!, ¡ordeñar las vacas!". ¿Acaso no hay nada más? Éste es el dilema de Tolstoi: "¿Para qué sirve la vida? ¿Para morirse?".

¿Es este mundo imaginario de alguna manera distinto al nuestro? ¡No! Éste es nuestro mundo actual de materia inanimada (tierra), organismos botánicos y zoológicos, y, seres humanos. El triángulo finito es en realidad una esfera con todos los organismos vivos sobre su superficie, las únicas cosas vivientes aún detectadas en el universo entero. Por cierto que no se conoce otra vida inteligente. Estamos enteramente solos en el espacio. Si el triángulo finito es verdaderamente todo lo que hay, entonces, todos los seres vivientes, incluyendo a los humanos, somos huérfanos cósmicos. Pinnock describe el problema elocuentemente:

> ¿Sienten acaso todos este impulso hacia el propósito y sentido...? ¿Cómo es que hay quienes que no se hacen esta pregunta? Muchos... tienen presuposiciones nada complicadas acerca de su propósito y sentido y las dan por sentadas. Si la vida les ha sido buena, probablemente tengan algunas metas personales –en el trabajo o en el matrimonio– que les brindan suficiente satisfacción para que quede alejada la pregunta de un sentido más profundo en la vida. Lamentablemente, sin embargo, las realidades de la vida tienen una manera de confabularse contra las personas de suposiciones poco profundas. Casi siempre hay algo que viene a destruirles el sueño y atormentarlos con la cuestión del sentido... que puede venir en la forma de una enfermedad o la inflación o la pérdida de un ser querido. Hay amenazas al sentido de nuestra vida de muchas formas, tanto internas como externas que conspiran para destruirlo, si es que está pobremente cimentado[5].

Ilustrando el Problema: Una Enfermedad Mortal

Vi esta falta de un propósito y sentido más alto en la vida en una conversación que tuve recientemente con un antiguo compañero de clase.

Cuando le pregunté "¿Qué haces ahora?" él me respondió con muchas palabras, pero en esencia me dijo: "yo trabajo". Entonces le pregunté por qué estaba en ese tipo de trabajo y él me respondió "porque paga bien". "¿Pero por qué es el dinero tan importante para ti?" le pregunté. "¡Porque tengo que vivir!", me dijo mientras me contaba acerca de los pagos de su casa y de su automóvil y lo que gastaba en educación y recreación. La prueba ácida vino con la pregunta "¿Para qué vives?". Después de una pausa me salió con la fácil salida "pues creo que para trabajar". Había regresado al punto de partida: su vida consiste en ir a trabajar y recoger un cheque que, luego, gasta. Esto le requiere levantarse cada mañana para tener otro cheque que gastar. ¡Esto seguirá hasta que llegue aquella mañana en la que ya no se presentará a trabajar!

¡La Muerte!

Para Seguir Trabajando

Yo Trabajo

Para Ganar Dinero

Para Vivir

Gráfico 5.

A muchos no les ha amanecido que ya que llegará el día en que ellos no se presentarán a trabajar, sus vidas tienen que estar relacionadas con una realidad más grande, a fin de que tengan un significado final.

Si después de su muerte mi amigo pudiera mirar su vida en retrospectiva, probablemente se preguntaría: "¿Y cuál fue el propósito de mi vida?". Como estudiante del último año de secundaria y, luego, como universitario, tuve que escoger qué carrera seguir. Muchos de los consejos que recibía eran de índole económico, aconsejándome a seguir profesiones lucrativas. Dicho de otra manera, en los términos de la ilustración del triángulo, yo no estaba en mejor circunstancia que el poco de tierra, el pasto o la vaca. Pero en ese tiempo de mi joven vida, yo no conocía la salida a este dilema.

> "No es que tenga miedo de morir. Es sólo que no quiero estar allí cuando suceda…".
> Woody Allen, director de cine y comediante

CONSTRUYENDO UNA SOLUCIÓN: LA AFIRMACIÓN DE QUE DIOS EXISTE

Me parecía que la única gente que yo conocía, entonces, que tenía algo de paz en cuanto a este dilema era la gente religiosa. Lo que ellos decían era: "Donald, Dios es la respuesta". Ellos creían que su vida tenía valor eterno porque existía un Dios infinito y personal que explicaba de dónde venían, por qué estaban allí y hacia dónde irían después de la muerte. Pero cuando les preguntaba cómo es que sabían que había un Dios, ellos me respondían que yo tan sólo tenía que creer en Él sin cuestionarlo. Esto solamente reforzaba mi punto de vista de que la gente de la fe y la religión era antiintelectual. No había razones. La evidencia, me parecía, no tenía nada que ver con la fe.

¿Pura Ilusión o Realidad Objetiva?

Recientemente me topé con una parábola moderna que ilustra la lucha que había experimentado antes en mi vida:

> Había una vez dos exploradores que llegaron a un claro en la selva. En el claro crecían muchas flores y también maleza. Uno de los exploradores dice: "Algún jardinero debe estar cuidando esta parcela". El otro discrepa: "Acá no hay ningún jardinero". Así que deciden acampar y se ponen a vigilar. No se avista ningún jardinero. "Pero tal vez es un jardinero invisible". Así que ponen un alambre de púas. Lo electrifican. Lo patrullan con sabuesos... Pero no hay ningún grito que sugiera que un intruso haya recibido descarga eléctrica alguna. No se mueve el alambre delatando que alguien se haya trepado. Los sabuesos no han dado ladrido. Y, sin embargo, el creyente no está convencido. "¡Pero sí hay un jardinero! Sólo que es invisible, insensible a las descargas eléctricas, un jardinero que viene en secreto a cuidar el jardín que ama". Por fin el incrédulo se desespera, "¿Pero qué ha quedado de tu afirmación original? ¿En qué difiere aquello qué tú llamas un jardinero invisible, intangible, eternamente escurridizo de un jardinero imaginario o de francamente ningún jardinero en realidad?"[6].

Gráfico 6.

Obviamente, el ateo doctor Antonio Flew quiere que identifiquemos al jardinero con Dios y al jardín con el mundo. Si Dios (el círculo) nos es invisible, intangible y eternamente escurridizo a nosotros, los que estamos en el mundo (el triángulo), ¿cómo podemos estar seguros de que Dios no es solamente un producto de nuestra imaginación? Si el doctor Flew está en lo correcto —que no hay Dios—, nosotros los humanos no tendríamos ninguna fuente final de conocimiento para saber de dónde venimos, por qué estamos aquí y cuál es nuestro destino final. Dicho de otra manera, nosotros no podríamos saber si nuestras vidas tienen un propósito y sentido que trascienda nuestra existencia en el triángulo finito (de la concepción a la tumba). La muerte nos dejaría aniquilados.

> *"En la forma en que los hombres lo han planteado, el Acertijo del Universo requiere una respuesta teológica. Mientras sufren y disfrutan, los hombres quieren saber por qué disfrutan y para qué propósito sufren. Ellos ven cosas buenas y cosas malas, cosas hermosas y horribles, y quieren encontrar la razón —una razón final y absoluta— ¿por qué deben ser estas cosas como son?".*
>
> Aldous Huxley, escritor inglés

¿Por qué estoy asumiendo aquí que necesitamos tener un propósito y sentido final? ¿Y qué si la vida en el triángulo es fabulosa y no sentimos necesidad de nada más? La respuesta es que sólo estamos explorando la posibilidad. No interesa realmente si alguien siente necesidad de sentido y propósito final. En vez de ello, deberíamos preguntarnos "si en realidad hay un propósito final para nosotros tanto aquí como más allá de la tumba, ¿no lo quisiéramos conocer?". Una mente abierta debería querer encontrar la verdad —sin importar si siente o no siente la necesidad de hacerlo— especialmente si la ubicación de nuestro destino final depende de cómo respondemos en esta vida.

Lo que estamos considerando aquí es la posibilidad de que el círculo exista antes que el triángulo; y, que el círculo sea infinito y personal, es decir, un Ser eterno. Desde luego, un círculo (o un "dios") imaginario no ayuda para nada. Y sólo desear que exista Dios no lo hace existir en realidad. ¿Cómo podemos entonces saber si Dios está realmente allí, sin que sea meramente un ser imaginario, creado por el anhelo nostálgico del hombre?

Una Estrategia que se Puede Comprobar

Para mí la respuesta era sencilla. Si hay un Dios real, la única manera de que yo pueda saber esto, en definitiva, es que Él se haga visible y tangible, capaz de ser visto, oído y tocado. Yo quería verlo a Él en la historia

Dios Infinito

¿?

Mundo Finito

Gráfico 7.

real del planeta Tierra. Eso también respondería la objeción en contra de Dios del ateo doctor Flew. Por lo tanto, yo me había dado cuenta de que esta línea de pensamiento era la apropiada. Ahora, veámoslo en los términos de la ilustración del triángulo: ¿Es posible que el círculo (Dios) se haga visible y tangible dentro del triángulo (mundo finito) de tierra, pasto, vacas y gente?

Dos Características Esenciales de Dios

El análisis constante desde los años de mi lucha original me ha dado mejores luces para ver el asunto. Los escritos del finado filósofo y teólogo doctor Francis Schaeffer me han sido especialmente útiles. Él argumentaba que no bastaba cualquier "dios". Un Dios que fuera adecuado para resolver el problema del propósito y sentido y, por lo tanto, explicar la naturaleza personal del hombre, tendría que tener ciertas características. En particular dos son críticas[7].

1. Dios tiene que ser *Infinito*

Un Dios infinito y eterno es uno que, por definición, es completo y enteramente perfecto, que no le falta nada. Este Dios tiene que existir fuera de y antes que el triángulo finito. Si no, yo podría preguntarme legítimamente: "¿Cuál es el Propósito de Dios?".

> *"Si Dios no existe... el hombre está en consecuencia abandonado, porque no puede encontrar nada de lo que pueda depender, bien sea dentro de sí mismo, o fuera de sí".*
> Jean Paul Sartre, filósofo existencialista francés

El que Dios sea infinito hace que tal pregunta quede sin sentido, ya que Él no depende de nada más. Si su propósito no fuera inherente en Su ser, Él no sería infinito. De la misma manera, si Dios no fuera infinito, Él no nos podría ayudar a resolver el problema de propósito y sentido a nosotros, los que estamos dentro del triángulo, porque Él también sería parte del problema. Peor aún, Él no habría podido crear un triángulo y colocarlo en el espacio en primer lugar.

23

2. Dios tiene que ser *Personal*

Los seres personales se comunican, construyen relaciones y son capaces de amar. Ellos tienen habilidad racional e intelectual, voluntad y emociones. Ellos no son como el viento, el fuego o las emisiones de un radar. Ninguno de estos fenómenos puede devolver afecto.

De la misma manera, la afamada "Fuerza" impersonal de *La Guerra de las Galaxias* nunca podrá ser suficiente como Dios. Imaginemos que existe una fuerza (dios) que le da un golpe en la cabeza a cada habitante de la Tierra justo al mediodía. Todos sabríamos que habría algo allí y cada quien estaría ya condicionado a agacharse justo al mediodía. Estaríamos condicionados, como los perros de Pavlov. Pero no entenderíamos el por qué de los coscorrones. (¿Serían por castigo o para mostrar afecto?). Tampoco entenderíamos cómo apaciguar las acciones de esta fuerza. Sería necesaria alguna forma de comunicación racional, específica y clarificadora; y, sabemos que únicamente los seres personales son capaces de esto. Solamente un ser personal capaz de producir esta clase de comunicación y de amar podría establecer una relación con nosotros. Pero esto no ocurre con un concepto de Dios que sólo es un "espíritu universal e impersonal". Sólo un Dios que sea "alguien" en vez de solamente "algo" puede entrar dentro del triángulo y ser visto, tocado y entendido.

Las Religiones Puestas en Juicio

La gente a lo largo y ancho de nuestro triángulo finito, que es nuestro mundo, afirma que hay un Dios. Pero no está de acuerdo en cómo es Él. En grandes pincelazos, todas las religiones se pueden clasificar de acuerdo con su perspectiva de las dos características esenciales de Dios, que acabamos de identificar. Hay tres grupos básicos.

El Pensamiento Oriental

Las religiones como el budismo y el hinduismo mantienen que Dios es por cierto infinito. Dios es la fuente y el sustento de todo cuanto existe. Pero el Dios oriental no es un ser personal. Por el contrario, ellos afirman que todo es Dios y Dios es todo. Ésta es la base de la

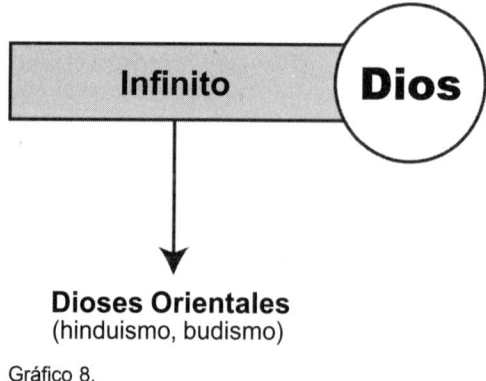

Dioses Orientales
(hinduismo, budismo)

Gráfico 8.

enseñanza de la Nueva Era que mantiene que los humanos son divinos porque son parte del "todo". Cabe señalar que en la concepción oriental, Dios no es persona: no tiene habilidad racional, ni emoción, ni amor, ni puede comunicarse. Ahí no hay a quien llegar a conocer. Dios es una presencia cósmica e impersonal y no alguien que ve, siente o toca. Dios es infinito, pero impersonal, como el viento.

Peor aún, un Dios impersonal no provee fundamento moral para las cuestiones del bien y el mal. En el hinduismo hay tanto una fuerza buena como una fuerza mala. Ya que "todo es uno", no existe, en definitiva, ni el bien ni el mal.

De la misma manera, el hinduismo tampoco resuelve la pregunta: "¿Cómo es que yo soy persona? ¿De dónde vienen la conciencia de sí mismo y el ser persona?" El hindú afirmaría: "Conocer a Dios como un ser impersonal requiere que neguemos o trascendamos a nuestra propia persona". El cantar "¡Om!" repetidas veces es la búsqueda de un estado alterado de conciencia, un intento firme de escapar de nuestra persona, a fin de conocer a Dios, esto es, el llegar a ser uno con el universo impersonal.

El Pensamiento Occidental

Los griegos y los pueblos nórdicos tenían una idea diferente. Cualquiera que haya leído sus mitologías sabe que sus dioses eran muy personales y fáciles de conocer. Tenían personalidades claras. El dilema es que estos dioses tenían más problemas que los que tiene la gente. No son infinitos. Ellos luchan, codician y envidian, demostrando así que son finitos e inadecuados en sí mismos. Ellos no pueden proporcionar un sentido y propósito final.

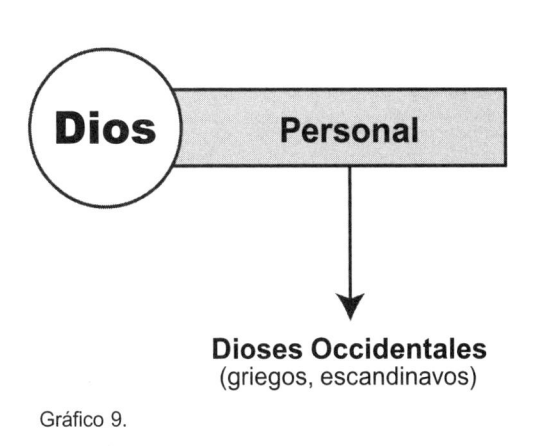

Gráfico 9.

Dios — Personal

Dioses Occidentales
(griegos, escandinavos)

Tres Excepciones

¿Y, ahora, que hacemos? El Oriente tiene religiones que afirman que existe un Dios infinito, pero que no es persona (pues no tiene intelecto, ni voluntad, ni emociones). Yo debo creer que este Dios existe; pero, desde el triángulo finito en el que existo, no tengo manera de conocer o de establecer una relación con un Dios así.

El Occidente ha conocido religiones que afirman que hay dioses personales, a los que se puede conocer pero que son inadecuados. Los dioses de Occidente no son infinitos y no pueden ofrecer respuesta al propósito y sentido final, esto es, cómo llegamos aquí, por qué estamos aquí, y, cuál es nuestro destino final.

Hay, sin embargo, tres religiones que afirman que su Dios es, a la vez, infinito y personal. El judaísmo, el cristianismo y el islam enseñan por igual que Dios es tanto el infinito Creador como el Ser personal con habilidad racional, voluntad y emoción, a Quien se puede llegar a conocer.

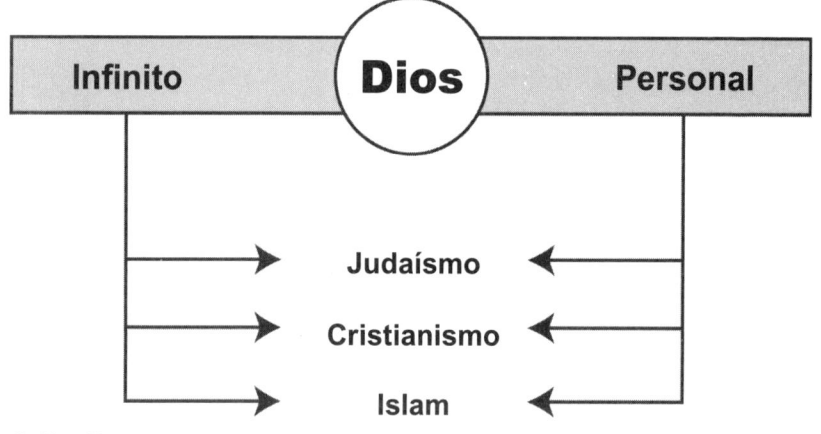

Infinito	**Dios**	Personal
→	Judaísmo	←
→	Cristianismo	←
→	Islam	←

Gráfico 10.

La Diferencia Crítica

Veamos cómo es que cada una de estas religiones responde a la pregunta "¿Cómo puedo yo saber si el Dios de ustedes existe realmente?".

El judaísmo diría que Dios se reveló a sí mismo al profeta Moisés y lo hizo mediante la comunicación verbal que está registrada en los primeros cinco libros del Antiguo Testamento (el Pentateuco). Un mensaje tan específico como éste sólo podría venir de un Ser personal con intelecto. Además, el Dios de ellos afirma en estos escritos ser el eterno e infinito Creador del universo. Por lo tanto, se cree que el Dios judío es tanto infinito como personal.

El islam diría lo mismo excepto que su mensaje específico, el Corán, vino a través de Mahoma. Ambos profetas afirman haber obtenido sus escritos de Dios, pero los escritos se contradicen entre sí. Por lo tanto, algunos dirían que ninguno de los dos mensajes es de Dios, y, ciertamente no del mismo Dios, porque esto sugeriría que Dios estaba confundido.

Infinito Dios Personal

Judaísmo — Cristianismo — **Islam**

Afirma que Dios se Comunicó Verbalmente con Moisés

Afirma que Dios se Comunicó Verbalmente con Mahoma

Jesucristo

Afirma que Dios se Hizo Carne y Vino a la Tierra

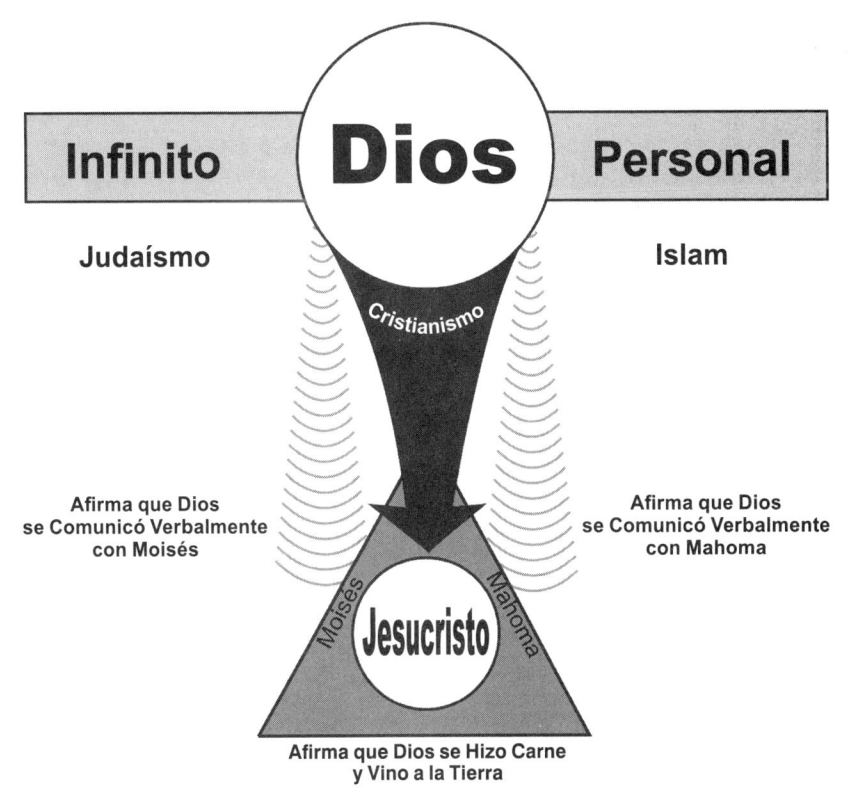

Gráfico 11.

El ateo doctor Flew podría todavía objetar que el invisible y escurridizo Dios es un invento humano. ¿Cómo responden los cristianos a esta pregunta? Sólo el cristianismo va más allá de creer solamente que Dios existe y que Él se comunicó con mensajes específicos. Los cristianos afirman que el Dios infinito y personal vino a la Tierra como un hombre físico, Jesucristo. En otras palabras, el círculo (Dios) vino al triángulo (el mundo) donde pudo ser visto, oído y palpado. Para los cristianos, Dios no permaneció invisible e intangible.

> "La afirmación del cristianismo de que el sentido completo y único de la historia antes y después de Cristo descansa en la aparición histórica de Jesucristo, es una afirmación tan extraña, estupenda y radical que no pudo y no puede sino contradecir y trastornar el curso normal de la conciencia histórica de los tiempos antiguos y modernos".
> Karl Lowith, *El Sentido en la Historia*

Sólo el cristianismo afirma que su fundador es Dios hecho hombre, no meramente un profeta o un hombre santo. Porque Dios se hizo ser humano y vivió por más de 30 años en la Tierra, Él le da a cada uno la oportunidad de verificar esta diferencia crítica, esto es, el poder comprobar la respuesta cristiana de cómo es que sabemos que Dios en verdad existe. O Jesús *es Dios*, tal como los cristianos afirman, o *no lo es*. No tienes que creer tal afirmación ciegamente. Puedes investigar la existencia, naturaleza y carácter de esta persona con la misma lógica y racionalidad que se usa para otros estudios históricos. Es una afirmación realmente verificable.

CONDICIONES PARA LA VERIFICACIÓN RACIONAL DE LA AFIRMACIÓN DE QUE JESÚS ES DIOS

Hubiera deseado que mi propio camino en la búsqueda de Dios fuera así de claro en aquel entonces. En vez de ello, yo deambulé por libros de ciencia, filosofía y religión tratando de encontrar mi camino. Eventualmente encontré, en la experiencia personal, la ruta que aquí describo. Si te estás preguntando ahora mismo si se puede encontrar a Dios, creo que te puedo ahorrar mucho tiempo y frustración. Adelante hay esperanza y emoción para ti. El cristianismo afirma que Dios *se ha hecho disponible* a Sí mismo para que se le pueda conocer en el mundo natural de la razón y la evidencia. La afirmación de que el Creador infinito y personal del mundo se hizo hombre, Jesús de Nazaret, es una afirmación que puede ser verificada. Para hacerlo, se deben cumplir tres condiciones.

Un Registro Histórico Fidedigno del Primer Siglo

La primera condición es más que obvia. La visita de Dios ocurrió hace 2,000 años. ¿Cómo puede alguien estar seguro de que en verdad ocurrió y que Jesús fue un persona histórica real? Para verificar esta afirmación de los cristianos tendría que haber registros escritos acerca de Jesús. Los únicos documentos conocidos que son lo suficientemente detallados para esta verificación son los escritos del Nuevo Testamento. Mi opinión en aquel entonces era que los relatos de los evangelios de Mateo, Marcos, Lucas y Juan contenían historias legendarias reescritas a través de los siglos y distorsionadas por los traductores, a tal punto que poco quedaba de la historia auténtica. De hecho, el artículo principal de una revista *Time* afirmaba que el 82% de lo que los evangelios presentaban como la vida y hechos de Jesús era leyenda[8]. En otras palabras, yo no creía que la Biblia fuera verdad. Tal era mi sentir, a pesar de que yo nunca había investigado la evidencia literaria sobre la integridad del Nuevo Testamento o su confiabilidad histórica.

La primera condición, entonces, para verificar la afirmación de que Jesús es Dios hecho hombre, es la necesidad de un registro histórico fidedigno del primer siglo acerca de Jesús. ¿De que otra manera podría alguien formarse razonablemente convicciones personales acerca de Jesús, si es que no hay fuentes escritas por los testigos oculares? La primera parte de la investigación, es determinar si es que el Nuevo Testamento es una fuente confiable de historia del primer siglo.

Un Método de Prueba

En segundo lugar, en toda búsqueda intelectual debe haber una manera de recoger datos. Además, debe haber algún consenso sobre qué constituye una prueba apropiada para la afirmación de que Jesús es Dios. El método científico es claramente el método preferido, cuando observamos el mundo natural. Sin embargo, requiere que el experimento se pueda repetir en un ambiente controlado para que pueda ser observado. La historia no se repite y, por lo tanto, no se presta al método científico. Tampoco lo hacen la belleza, los valores estéticos y muchas otras cosas más. Entonces, ¿cómo es que verificamos algo que ocurre solamente una vez?

> *"Yo no puedo construir mi paz sobre la doctrina del azar: yo no puedo aguantar la noción de la falta de propósito y de la casualidad ciega en la naturaleza. Y sin embargo, yo no sé qué colocar en su lugar para aquietar mi mente... Hablamos –algunos de nosotros de cualquier manera– sobre lo absurdo de la situación humana, pero esto hacemos porque no sabemos cómo encajamos, o para qué somos".*
> Lewis Thomas, Sobre la Incertidumbre de la Ciencia

Todos los días aceptamos otro método de prueba para los eventos históricos. Es el método legal de nuestro sistema de tribunales, jueces y jurados. Se presenta la evidencia de ambas partes, la que acusa y la que se defiende, en relación con aquello que es materia de juicio. Un juez o un jurado, sopesan la evidencia y llegan a una conclusión o decisión razonable acerca del asunto.

Este enfoque racional de reunir los datos y evaluar su validez es la manera de acercarse a la evidencia acerca del Nuevo Testamento y la persona de Jesús. Ya que el Nuevo Testamento afirma ser una colección de documentos históricos que provienen de testigos oculares, la segunda condición para verificar sus afirmaciones debe ser utilizar el método legal. Te invito, querido lector, a que seas juez y jurado y te animo a emitir tu veredicto basado en la evidencia.

Un Escepticismo Honesto

Si nuestra fe en Dios ha de estar basada en algo más que solamente lo antiintelectual y lo emocional, tenemos que estar dispuestos a evaluar las afirmaciones de la Biblia usando el método legal. Usando este medio podemos escudriñar la afirmación del cristianismo de que Jesús es Dios hecho hombre. Pero debe también existir una tercera condición: que tú, querido lector, seas honesto y objetivo con la evidencia. La humorística historia de un escéptico deshonesto ilustra por qué se hace necesario esto.

De manera inesperada un hombre le empieza a decir a su familia, sus vecinos y sus compañeros de trabajo que está muerto. Su esposa lo lleva al siquiatra, que le da la tarea de investigar la pregunta "¿Acaso sangran los muertos?" en los libros y revistas de la facultad de medicina hasta que llegue a una firme convicción sobre el tema. Después de semanas de lectura, el paciente regresa con el veredicto de que la evidencia es abrumadora: la gente muerta no sangra. El siquiatra sonríe y agarra un alfiler que ya tenía preparado para ese preciso momento. Sin misericordia alguna se lo clava en el pulgar al paciente y espera su respuesta. El paciente mira con horror la sangre que se le chorreaba del dedo, se pone pálido, y exclama: "¡Pues, vaya, doctor! ¡La gente muerta sí sangra!".

Ese hombre era un escéptico deshonesto. Muchos piden respuestas a sus preguntas de fe, respuestas que estén basadas en los hechos y evidencias. Es igualmente importante que su reacción sea honesta frente a estas respuestas y las evidencias. El utilizar el método legal para examinar la afirmación de que Dios se hizo hombre en el planeta Tierra sería inútil si la actitud de uno fuera: "No me confunda con los hechos. Ya he tomado una decisión al respecto".

— ENFOQUE Y DISCUSIÓN —

1. ¿Cómo están relacionadas con tu experiencia las caricaturas de la fe que se mencionan en este capítulo? ¿Cómo han afectado las caricaturas y malos ejemplos de gente religiosa tus actitudes e impresiones personales de la fe?

2. ¿Qué factores, bien sean intelectuales o de otra índole, pueden hacer que alguna gente no crea en Dios?

3. ¿Cuándo todo le va bien a la gente, qué clase de cosas piensan ellos que satisface su necesidad de propósito y sentido?

4. Los musulmanes y los judíos afirman conocer a Dios a través de mensajes que Él dio a profetas, pero los cristianos afirman conocer a Dios porque Él también caminó en la Tierra como ser humano. ¿Por qué es significativa la diferencia entre estos dos puntos de vista, cuando se trata de verificar la existencia de Dios?

5. ¿Qué es lo que puede ser usado en un tribunal legal: el relato de un testigo ocular o un rumor? ¿Por qué? ¿Cómo es esto importante para la primera condición que hemos identificado como necesaria para verificar la afirmación de que Jesús es Dios?

6. ¿Estás de acuerdo con que la validez de la fe cristiana puede ser explorada racionalmente? ¿Por qué sí o por qué no?

CAPÍTULO 2

¿Es Veraz la Biblia?

Las Pruebas de la Integridad y Confiabilidad Histórica

"La Biblia Histórica (la Palabra escrita) y Jesucristo (la Palabra viva) son los dos pilares de la cosmovisión cristiana. Si la Biblia no es historia o si Jesucristo no es "Dios con nosotros" (Mateo 1:23), el Cristianismo se desmorona. Para hacer añicos la doctrina cristiana y la cosmovisión cristiana, uno sólo necesita hacer destrozar sus soportes históricos...".
David A. Noebel (*Entendiendo los Tiempos*)

"La prueba de la verdad es la evidencia de los hechos conocidos".
Jacobo Bronowski (*Ciencia y Valores Humanos*)

Una de las afirmaciones más básicas de la verdad cristiana es que Jesucristo es Dios en carne humana, la más alta y más esclarecedora revelación de Dios al hombre. El cristianismo sostiene que Jesús les demostró a todos los que lo conocieron que Él era el único Hijo de Dios, mediante lo que Él dijo e hizo. Esto es lo que queremos someter a prueba.

La dificultad no está en reconocer la realidad histórica de un hombre llamado Jesús de Nazaret, porque esto ya está asegurado a través de diversas fuentes extrabíblicas reconocidas[1]. Edwin Yamauchi, académico e investigador histórico, presenta la situación claramente: "Cada cierto tiempo aparece gente que trata de negar la existencia de Jesús, pero esto es una causa perdida... Existe evidencia abrumadora de que Jesús sí existió..."[2]. La dificultad estriba en que la única biografía detallada de este hombre Jesús está en los Evangelios, las fuentes bíblicas escritas por Mateo, Marcos, Lucas y Juan.

¿Son dignos de crédito estos documentos? Esto es, ¿son registros auténticos e históricamente confiables de las palabras y hechos de Jesús?

Un comentario hecho en serio sobre este asunto, aunque un tanto entretenido de leer, fue dirigido a la conocida columnista Ann Landers. Si bien usa lenguaje exagerado, no es único en la opinión que expresa.

Estimada Ann: Por favor, por amor al cielo, ¡deja ya de empujar la causa de la religión! Cualquiera con siquiera medio cerebro sabe que tus lectores son, en su gran mayoría, tarados cándidos y supersticiosos que no pueden enfrentarse a la vida sin una muleta. Pero, ¿no te causa molestia dar consejo acerca de las leyes de Dios, un cuento de hadas de hace 2,000 años? ¡Espero que un día escribas una columna señalando que Dios es un mito y ahí dejes de escribir! El colmo de la tontería humana, la patraña más irracional jamás soñada por la raza humana es esta bazofia que encontramos en las Escrituras. Tal tontería es para los debiluchos e idiotas que no son capaces de pensar por sí mismos o de aceptar responsabilidad por sus propias acciones[3].

Si este comentario fuera válido, habría poca esperanza de formarse una convicción personal razonable y objetiva sobre la afirmación de que Jesús es Dios. ¿Encuentra la opinión de este lector apoyo en la evidencia?

SOMETIENDO A PRUEBA LA INTEGRIDAD DEL NUEVO TESTAMENTO

El someter a prueba documentos antiguos para establecer su integridad es una práctica común entre quienes estudian literatura antigua. Existen muchos documentos, escritos tanto antes como después del Nuevo Testamento, cuya integridad es también objeto de estudio. Por ejemplo, los relatos de Herodoto y César (siglos V y I a.C. respectivamente) son ampliamente conocidos. Tácito y Josefo escribieron la historia de Roma y de los judíos, respectivamente, hacia el final del siglo I d.C. Los criterios para someter tal literatura a prueba, a fin de establecer su integridad (o grado de fidelidad en relación al manuscrito original), son bastante conocidos entre los expertos. Por lo tanto, no hay necesidad de crear nada nuevo para examinar los escritos del Nuevo Testamento. Sólo necesitamos aplicar los criterios comúnmente aceptados.

Ya que éste es un terreno poco familiar para la mayoría, imaginemos un escenario antiguo para que entendamos bien estos asuntos. Existe una obra muy conocida, la *Guerra de las Galias*[4], escrita por el emperador Julio César por el año 50 a.c. La obra es la recopilación de las memorias personales de sus brillantes campañas militares. Supongamos que poco tiempo después de que fue escrita la obra, un amigo del César visita palacio, se percata de la obra y pide una copia para su biblioteca personal. El César le concede permiso para copiar la obra, pero no hay fotocopiadora en su oficina y no es posible enviar el documento por correo electrónico. En vez de esto, el amigo tendría que enviar un copista entrenado que tendría que pasarse días enteros copiando a mano cada letra, palabra y oración. ¿Sería esta copia exactamente como el original del César? Es altamente improbable que así lo sea.

Supongamos también que una persona visita la casa del amigo del César, observa la copia que tiene de la *Guerra de las Galias*, y obtiene permiso para que su copista vaya a hacer una copia de segunda generación para él. ¿Sería esta copia exactamente como la copia de la primera generación? Esto es también altamente improbable. Por lo tanto, será muy probable que haya en esta copia aún más divergencias en relación con el manuscrito original del César. En la medida en que ocurran divergencias entre las copias, la obra habrá perdido parte de su integridad. Hasta ahora, los cambios que ocurran serán probablemente menores; pero, multipliquemos este escenario por cientos de generaciones a lo largo de los siglos. La fidelidad ciertamente tenderá a perderse. Para cuando lleguemos al siglo XV y pongamos las copias de esa generación en la prensa que Guttenberg ha inventado recientemente, es posible que haya sobrevivido sólo una sombra del escrito original del César.

¿Por qué no cotejar la copia con el manuscrito original del César? ¿Por qué depender de copias si es que podemos ir al documento autógrafo (es decir, el manuscrito original)? La respuesta es simple: ya no existen los documentos autógrafos. No sólo no se ha encontrado nunca el manuscrito original del César, sino que no se ha encontrado los autógrafos de ningún otro documento de la Antigüedad, incluyendo los escritos del Nuevo Testamento. Por lo tanto, debemos trabajar a partir de las copias que se han encontrado, aplicando algunos criterios para determinar el grado de integridad.

Tres Preguntas

La prueba de la integridad determina si los Evangelios del Nuevo Testamento se originaron en la generación de testigos oculares de Jesús, y si estos relatos fueron transmitidos hasta nosotros a través de los siglos sin cambios sustanciales. Específicamente, necesitamos saber si un Nuevo Testamento en español del siglo XXI es una reproducción razonablemente exacta del Nuevo Testamento original en griego del siglo I. Hay tres preguntas fundamentales que los expertos en literatura antigua se hacen para determinar esto.

1. ¿Cuántos Manuscritos Se Ha Encontrado?

La primera pregunta se relaciona con el número de copias manuscritas que se ha encontrado, esto es, la evidencia de los manuscritos. Mientras más grande sea el número de copias antiguas que se hallen, tanto mejor. Aún si hubiera variantes en el texto, un número grande de copias permite comparación y correlación, a fin de poder reconstruir el texto de mejor manera. Por lo demás, un gran número de manuscritos a lo largo de los siglos minimiza la posibilidad de que una pequeña pandilla haya fraguado documentos "a puerta cerrada", por así decirlo. Que exista un gran número de copias indica que hubo una exposición pública amplia y gran atención a la integridad.

Cuando era joven yo no sabía casi nada acerca de los estudios de los manuscritos. Mi primera experiencia, aunque limitada, vino cuando cursaba la universidad. En mi escepticismo recuerdo haber pensado que era probable que la evidencia a favor del Nuevo Testamento fuera muy inferior a la de los grandes escritores clásicos como Platón, Homero o Aristóteles. Después, en la escuela de posgrado descubrí, con sorpresa, que la evidencia a favor del Nuevo Testamento era ampliamente superior. Estudios adicionales que hice a lo largo de los años han afinado mi entendimiento de esta disciplina académica. Incluyo estas perspectivas en este capítulo a fin de darle al lector un mejor entendimiento de la evidencia a favor de la primera condición necesaria para poner a prueba la afirmación cristiana acerca de Jesús.

¿Cuántas copias manuscritas de obras de la Antigüedad están hoy disponibles para el estudio?[5] Obviamente, para saber que ha existido una obra tendríamos que haber descubierto al menos una copia. Las 643 copias manuscritas existentes de la *Ilíada* de Homero son un ejemplo excepcional entre las obras de la Antigüedad. La mayor parte de las obras de la Antigüedad apenas tiene un número de copias que no supera los dos dígitos. Tan sólo se ha encontrado como 10 manuscritos de la *Guerra de las Galias* de César, siete de las *Tetralogías* de Platón, 20 de la *Historia de Roma*, de Livio y sólo un par de las obras menores de Tácito.

¿Y qué del Nuevo Testamento? Pues hay más de 5,664 manuscritos conocidos en el idioma griego original. Hay, además, unos 18,000

El Número de Manuscritos del Nuevo Testamento Comparado con el de Otras Obras Antiguas

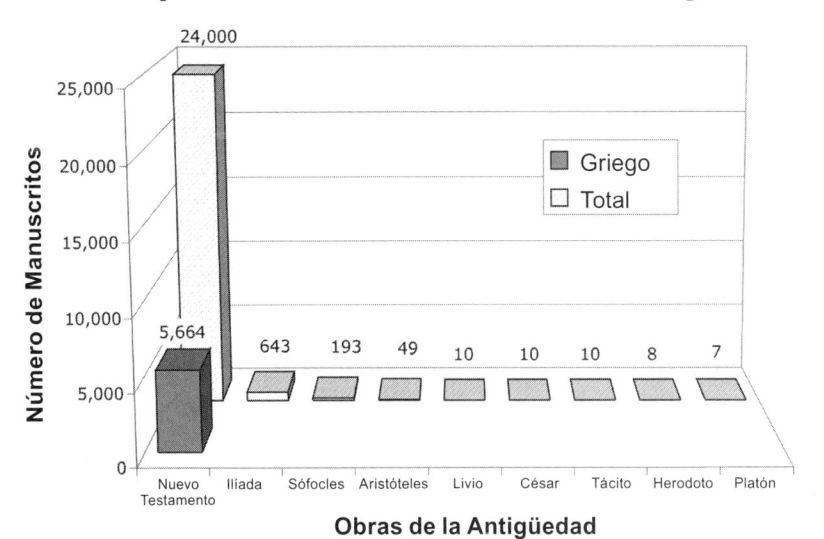

Gráfico 1.

Eje Y: Número de Manuscritos
Eje X: Obras de la Antigüedad

Leyenda: Griego / Total

- Nuevo Testamento: 24,000 (total); 5,664 (griego)
- Ilíada: 643
- Sófocles: 193
- Aristóteles: 49
- Livio: 10
- César: 10
- Tácito: 10
- Herodoto: 8
- Platón: 7

manuscritos antiguos del Nuevo Testamento en latín, siríaco, etíope, armenio y versiones en otros idiomas, junto con textos del Nuevo Testamento encontrados en himnarios antiguos (leccionarios) de la iglesia primitiva. En total, existen unas 24,000 copias manuscritas de porciones del Nuevo Testamento[6]. El académico británico F. F. Bruce concluye lo siguiente de estos datos: "No hay cuerpo de literatura antigua en el mundo que disfrute de tal riqueza de buen testimonio textual como el Nuevo Testamento"[7]. El gráfico 1 nos muestra el extremo contraste entre la evidencia a favor del Nuevo Testamento y la de otros escritos antiguos seleccionados.

En comparación, las otras obras ni siquiera le llegan a los talones al Nuevo Testamento. ¡Y así desapareció mi "certeza razonable" de que el Nuevo Testamento no saldría bien ante el escrutinio! Cuando mis lecturas como estudiante de posgrado me expusieron a tales hechos, me di cuenta de que yo había sido deshonesto. Yo nunca cuestioné, ni siquiera examiné, la precisión de los textos antiguos de otras obras que había leído. Pero, de alguna manera, yo *sabía* que en el texto del Nuevo Testamento no se podía confiar y fingía tener razones intelectuales para mi falta de confianza. Más adelante en mi carrera, descubrí que yo no había estado solo al mantener este doble estándar:

Los académicos se sienten satisfechos de poseer los textos esencialmente fidedignos de los principales escritores griegos y romanos cuyas obras han llegado a nosotros, como Sófocles, Tucídides, Cicerón o Virgilio. Sin embargo, el conocimiento que nosotros tenemos de sus escritos depende de un mero puñado de manuscritos, mientras que los manuscritos del Nuevo Testamento se cuentan por cientos y, aún, miles[8].

2. ¿Cuán Tempranos Son Los Manuscritos?

El segundo asunto que afecta la integridad es la fecha en que fueron copiados los manuscritos que se ha encontrado. Obviamente, cuanto más tiempo ha transcurrido entre las copias y los originales, tanto más probable es que se hayan acumulado errores de los copistas, añadidos y omisiones. Por lo tanto, las copias tendrán menor grado de integridad. Si bien el número total de estos errores es más grande, debido sencillamente al vasto número de manuscritos del Nuevo Testamento, también es afortunadamente cierto que el gran número de manuscritos igualmente nos proporciona mejores medios para detectar tales errores y reconstruir el texto original.

¿Cuán cerca de los escritos originales son las copias que descubren los arqueólogos? La *Guerra de las Galias* de César fue escrita por el año 50 a.C. y, sin embargo, no tenemos manuscritos disponibles para el estudio que hayan sido copiados antes del siglo IX: un abismo de más de 900 años. Para la mayoría de los escritos griegos los intervalos son aún mayores (de 1,000 a 1,500 años), mientras que para las obras latinas el intervalo es algo menor. El menor intervalo de cualquier obra de la Antigüedad se da probablemente en el caso de las obras de Virgilio, de cómo unos 300 años entre su autoría y la más antigua copia conocida[9]. Sin embargo, un intervalo tan corto no es del todo típico[10]. La gente se preocupa cuando se da cuenta de que, por siglos, no hay copias preservadas de las obras clásicas, desde la fecha de composición original. Sin embargo, se sorprenden cuando ven los datos concernientes al Nuevo Testamento.

Es generalmente aceptado que los 27 libros y cartas del Nuevo Testamento fueron escritos durante un período de 50 años, empezando aproximadamente en el año 47 d.C. Para facilitar los cálculos, voy a usar el año 100 como la fecha más tardía posible de término. ¿Cuál es la copia más temprana que se ha encontrado? Recordemos que el rango para toda la otra literatura fluctúa entre 300 y más de 1,500 años después de la autoría. El papiro John Rylands, designado por los académicos como P52, es un fragmento que contiene unos pocos versículos del Evangelio de Juan del Nuevo Testamento. La fecha de este manuscrito

MANUSCRITO MAGDALEN
Usado con permiso. Del presidente y los regentes del Magdalen College, Oxford.
Probablemente el manuscrito más antiguo que se conoce del Nuevo Testamento – un fragmento del capítulo 26 del Evangelio de Mateo. Fechado por el papirólogo doctor Carsten Thiede por el año 60 d.C.

es aproximadamente el año 125 d.C. Esto es sólo unos 35 años después de que el apóstol Juan escribió el original. Quienquiera que haya usado esta copia podría haber conocido al autor o aún haber sido enseñado personalmente por el mismo apóstol Juan.

Más todavía, recientemente el doctor Young Kyu Kim, un especialista en manuscritos antiguos, ha argumentado persuasivamente que al papiro Chester Beatty (P46), que contiene todas las epístolas de Pablo, excepto las pastorales, se le debe volver a fechar, asignándosele una fecha de finales del siglo I. ¡Esto es apenas unos 20 años después de la muerte del apóstol Pablo![11].

Pero eso no es todo. Estudios realizados sobre las obras de finales del siglo I y principios del siglo II de autores como Policarpo, Clemente de Roma e Ignacio, que fueron discípulos de los apóstoles y testigos presenciales, revelan cuantiosas referencias a los escritos del Nuevo Testamento. Por ejemplo, cerca del año 96 d.C. Clemente de Roma ya hace referencia a los Evangelios de Mateo, Marcos y Lucas y a ocho de las epístolas del Nuevo Testamento. Obviamente, estos documentos deben haber sido escritos algún tiempo antes para que Clemente los cite[12].

Apoyando tal conclusión tenemos los fragmentos del Evangelio de Mateo (papiro Magdalen) recientemente analizados, un fragmento del Evangelio de Marcos en un rollo encontrando en Qumram, y un fragmento del Evangelio de Lucas en una biblioteca de París, los que han sido fechados por algunos expertos entre los años 50 y 70 d.C[13]. Ya que Jesús vivió por lo menos hasta el año 30 d.C., estas copias fueron hechas por contemporáneos de Jesús, gente que lo conoció a Él personalmente o que habló con aquellos que sí lo conocieron. Aunque sólo tenemos fragmentos de estos tres manuscritos, esto sirve para demostrar que los Evangelios fueron escritos en fecha muy temprana. No hubo para los Evangelios largos períodos de transmisión oral a través de los cuales se alimentaron de tradiciones legendarias. ¡Ningún otro escrito de la Antigüedad puede trazar el origen de sus copias hasta la generación de testigos oculares de sus autores originales!

Sin embargo, se necesitan hallazgos más completos de los Evangelios para hacer estudios de texto. Los papiros Bodmer y Chester Beatty, que están fechados entre los años 150 y 200 d.C. sobrepasan grandemente estos requerimientos. P45, P66 y P75 contienen las copias completas de los Evangelios, incluyendo los milagros de Jesús y los detalles de Su resurrección, dentro de los 100 años de los originales[14]. El comentario de Kenyon sobre el significado de estos manuscritos hace que sea insostenible la percepción de mucha gente de la verdad en torno al registro del Nuevo Testamento.

El resultado neto de este descubrimiento... es, de hecho, el reducir tanto el intervalo entre los manuscritos más tempranos encontrados y las fechas tradicionales de los libros del Nuevo Testamento que este intervalo deja de tener importancia en cualquier discusión sobre la autenticidad de estos libros. Ningún otro libro de la Antigüedad tiene un testimonio tan temprano y tan vasto para su texto, y ningún académico sin prejuicios podría negar que el texto que ha llegado a nosotros es sustancialmente sólido[15].

El gráfico 2 compara diversas obras de la Antigüedad con el Nuevo Testamento, en cuanto al intervalo de tiempo entre los escritos originales y las copias existentes más tempranas.

Nuevamente, el Nuevo Testamento sobresale muy por encima de todos los demás escritos de la Antigüedad, tanto en número de copias como en la brevedad del intervalo entre la autoría y las copias existentes más tempranas. Existe una cadena de copias casi continua desde el tiempo de los originales del primer siglo al siglo XV, época de la invención de la imprenta. Si se alegara que el texto que nosotros tenemos no es esencialmente igual al de los originales autógrafos, entonces, ¿cuándo es que se corrompió el texto? Tenemos copias que son similares a las anteriores en cada siglo, hasta la generación

El intervalo de Tiempo entre los Manuscritos Originales y el de las Copias Más Tempranas que Se Han Encontrado del Nuevo Testamento Comparado con los Intervalos de Otras Obras Antiguas

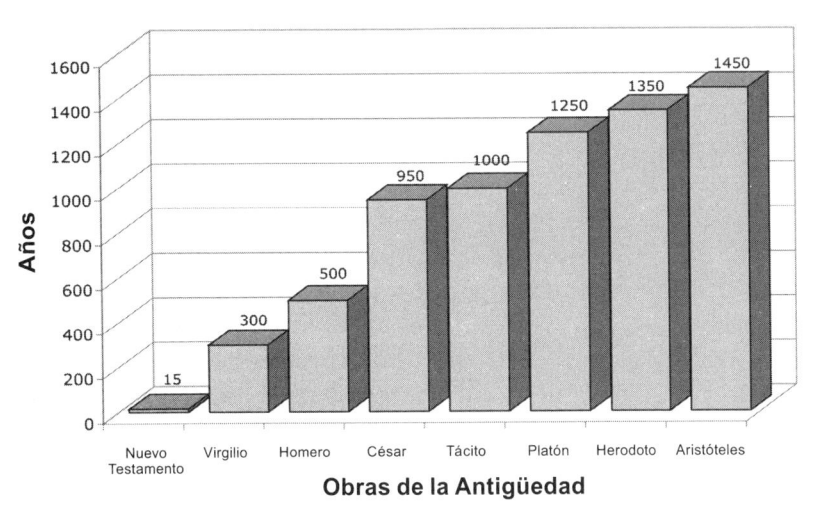

Obra	Años
Nuevo Testamento	15
Virgilio	300
Homero	500
César	950
Tácito	1000
Platón	1250
Herodoto	1350
Aristóteles	1450

Gráfico 2.

de los testigos oculares. Basado en esta evidencia, la conclusión del académico F. F. Bruce está definitivamente justificada:

La evidencia a favor de los escritos de nuestro Nuevo Testamento es tanto más grande que la evidencia para los muchos autores clásicos, cuya autenticidad nadie ni siquiera sueña con cuestionar. Si el Nuevo Testamento fuera una colección de escritos seculares, su autenticidad sería generalmente tenida como más allá de toda duda[16].

3. ¿Con Cuánta Precisión Fueron Copiados Los Manuscritos?

La pregunta final mide el grado de distorsión del texto que se pueda atribuir al copiado a través de los siglos. Ya he compartido mi idea anterior de que el texto del Nuevo Testamento tendría que haber sido enturbiado de modo significativo por añadidos, interpretaciones y traducciones. Los académicos llaman a esto distorsión del sentido del texto. El que hubiera mucha gente leyendo manuscritos tan diferentes tendría necesariamente que llevarlos a modos distintos de entender el texto.

Bruce Metzger, profesor del idioma y literatura del Nuevo Testamento de la Universidad de Princeton, publicó un análisis precisamente de este asunto. Él comparó la investigación hecha a los diversos manuscritos de tres obras de la Antigüedad: la *Ilíada* de Homero, una obra religiosa de los antiguos griegos; el *Mahabharata*, un libro religioso del hinduismo y el Nuevo Testamento cristiano[17]. El largo de las obras variaba desde las 15,600 líneas para la *Ilíada*, 20,000 para el Nuevo Testamento, y 250,000 para el *Mahabharata*. Las variantes que no afectaban el sentido del texto (como diferencias en el deletreo de una palabra, orden de palabras, etc.) fueron ignoradas. Todas las diferencias que afectaban la comprensión del lector fueron contadas. ¿Cuánta distorsión se encontró?

El doctor Metzger reportó que el texto de la *Ilíada* habría sufrido corrupción en 764 líneas, es decir una tasa de distorsión de alrededor del 5%. Dicho de otra manera, el sentido de una de cada 20 líneas era incierto. ¿Cuál *Ilíada* es la que leemos en clase de literatura? ¿Quién decide cuál manuscrito es el correcto? Sin embargo, es raro que el instructor advierta a sus alumnos acerca de la integridad de la *Ilíada* cuando se asigna o se discute en clase. Su integridad se asume sin dudar.

Para el *Mahabharata* la situación es aún peor, con casi 26,000 líneas corruptas, arrojando una tasa de corrupción mayor al 10%. Una de cada 10 líneas de este libro religioso está "en el aire" por así decirlo. ¡Ésta no es una fuente muy confiable para que la usemos como la base de nuestra vida o destino!

Por otro lado, los datos para las copias del Nuevo Testamento son increíbles. En apenas 40 de 20,000 líneas, o la quinta parte de un 1% (0.2%) se halla alguna distorsión[18]. Esto es 1/25^{ava} parte de la distorsión hallada en la *Ilíada*, la cual tiene una tasa bajísima de distorsión entre los escritos de la Antigüedad. Además, F. F. Bruce ha afirmado que las "variantes de lectura sobre las que hay alguna duda entre los críticos textuales del Nuevo Testamento no afectan en forma material ningún asunto de hecho histórico o fe y práctica cristiana"[19]. Dicho de una manera más sencilla, no hay ninguna enseñanza de la fe cristiana que se pueda poner en duda como resultado de la distorsión del Nuevo Testamento, que haya ocurrido por el sucesivo copiado a través de los siglos. ¿Dónde está la confusión textual que yo pensaba que hacía al Nuevo Testamento tan inaceptable durante mis años de estudiante universitario? El gráfico 3 presenta un resumen del análisis de Metzger.

La Evidencia de Citas del Nuevo Testamento en Otros Escritos Antiguos

Existe un fuerte argumento adicional a favor de la integridad del Nuevo Testamento. Las copias existentes de los Padres de la Iglesia de

Una Comparación de la Tasa de Distorsión de los Manuscritos Debido a Errores en el Copiado

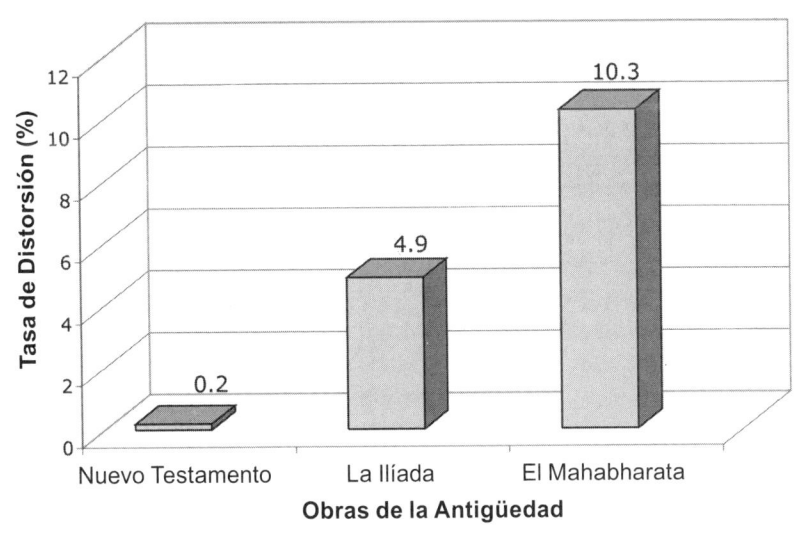

Obra	Tasa de Distorsión (%)
Nuevo Testamento	0.2
La Ilíada	4.9
El Mahabharata	10.3

Gráfico 3.

los primeros tres siglos después de Cristo contienen más de 36,000 citas o alusiones a los libros del Nuevo Testamento[20]. Estas citas harían que fuera posible reconstruir el texto temprano del Nuevo Testamento, aún si no hubiera sobrevivido ningún manuscrito del Nuevo Testamento. Efectivamente, el doctor Metzger afirma que estas citas son "tan extensas que si todas las otras fuentes para el conocimiento del texto del Nuevo Testamento fueran destruidas, éstas serían suficientes por sí mismas para reconstruir el Nuevo Testamento prácticamente por entero"[21].

El experto textual Kenyon afirma esta verdad de otra manera:

> No se puede afirmar con demasiada fuerza que en cuanto a su sustancia el texto de la Biblia es indubitable: éste es especialmente el caso con el Nuevo Testamento. El número de manuscritos del Nuevo Testamento, de las traducciones tempranas de éste, y las citas de éste en los escritores más antiguos de la Iglesia, es tan vasto que es prácticamente cierto que la lectura verdadera de cada pasaje en que pudiera haber duda se ha preservado de una u otra manera en estas autoridades antiguas. No se puede decir esto de ningún otro libro antiguo en el mundo[22].

El peso de esta evidencia hubiera sido muy significativo para mí cuando yo lidiaba con estos asuntos. Lamentablemente, por ese entonces yo no sabía nada de esto. Pero fue el quedar expuesto a esta evidencia durante mis estudios de posgrado lo que empezó a revolucionar mi pensamiento. Por lo tanto, he quedado convencido de que cuando tomo la copia que tengo de lo registrado de la vida de Jesús en el Nuevo Testamento, el relato que tengo es esencialmente el mismo que escribieron los testigos oculares hace 2,000 años en el primer siglo d.C. A esta conclusión ya había llegado el investigador y académico Kenyon:

> La última razón para tener alguna duda acerca de si las Escrituras han llegado a nosotros en forma sustancialmente igual a cuando fueron escritas ha sido ahora destruida. Tanto la autenticidad como la integridad general de los libros del Nuevo Testamento pueden ser consideradas como finalmente establecidas[23].

¿Pero cómo puede alguien saber si lo que escribieron los autores del primer siglo es verdad? Tal vez a Mateo le gustaban los cuentos de hadas. Sólo porque tengamos un registro auténtico de los escritos del Nuevo Testamento del primer siglo, eso no garantiza que lo narrado sea histórico. Bien pudiera ser leyenda. Hasta ahora sólo hemos demostrado que, comparado con todos los demás escritos de la Antigüedad, el Nuevo Testamento 1) tiene muchos más manuscritos, 2) tiene manuscritos mucho más tempranos, y 3) cuenta con mucha más precisión en el copiado. ¿Pero cómo puede una persona de hoy saber que lo que escribieron los autores originales realmente ocurrió como ellos lo describen?

SOMETIENDO A PRUEBA LA CONFIABILIDAD HISTÓRICA DEL NUEVO TESTAMENTO

Someter la veracidad de lo registrado por el Nuevo Testamento requiere de fuentes independientes que puedan corroborar su precisión histórica. También existe la necesidad de aprender más sobre los documentos del Nuevo Testamento y sus autores, dentro del contexto histórico del primer siglo. ¿Son estos documentos consistentes internamente? Éstos son algunos de los temas que son tratados en forma frecuente por la crítica literaria.

La Evidencia Externa

Es bien sabido que hay muchas referencias en el Nuevo Testamento a personas supuestamente históricas (como Poncio Pilato, Galión y César Augusto), a lugares (como Jericó, Egipto y el Mar de Galilea) y a eventos (como el censo romano, la crucifixión de Jesús y la sequía en Palestina). De hecho, Lucas –el autor tradicional de uno de los Evangelios y de los Hechos de los Apóstoles– sitúa en forma consistente sus escritos en el contexto histórico, como por ejemplo: "En el año decimoquinto del imperio de Tiberio César, siendo Poncio Pilato gobernador de Judea, Herodes tetrarca de Galilea, su hermano Felipe tetrarca de Iturea y de la provincia de Traconite, y Lisanias tetrarca de Abilinia, y siendo sumos sacerdotes Anás y Caifás..."[24]. Tal precisión es una enorme ventaja para nuestros propósitos de comprobación, tal como lo señala el erudito F. F. Bruce: "Un escritor que así relaciona su historia con el contexto más amplio de la historia mundial se está sembrando problemas si es que no es cuidadoso. Les otorga a sus lectores críticos demasiadas oportunidades para poner a prueba su precisión. Lucas enfrenta este riesgo y sobrepasa la prueba de modo admirable"[25]. ¿Cuál es la evidencia que llevó a Bruce a tal conclusión?

La Evidencia de la Arqueología

Una de las fuentes más fructíferas en este respecto son los hallazgos en el campo de la arqueología. Se ha escrito volúmenes sobre los detalles específicos, mayormente en el siglo XX. La arqueología científica sólo tiene siglo y medio de existencia. Los primeros pioneros de las técnicas modernas que nos han llevado a una verdadera revolución del conocimiento acerca de la Antigüedad fueron arqueólogos británicos. Tal vez sea seguro afirmar que, gracias a la arqueología moderna, hoy se sabe más acerca del trasfondo histórico del primer siglo del Nuevo Testamento que nadie desde siglo III. Con tantos datos disponibles hoy en día, ya no es difícil verificar el carácter histórico del Nuevo Testamento.

Jacobo, Hijo de José, Hermano de Jesús

Aclamado por la revista *Time* como el "descubrimiento más importante en la historia de la arqueología del Nuevo Testamento"[26], una urna de piedra caliza que puede haber contenido los huesos de Jacobo, el hermano de Jesús, fue descubierta el año 2002 en Jerusalén[27]. A Jacobo –también conocido como Santiago y autor de la epístola que lleva su nombre– se le identifica en el Nuevo Testamento como uno de los hermanos de Jesús[28]; y, después, como uno de los líderes de la Iglesia de Jerusalén[29]. Pero, la

EL OSARIO DE JACOBO BAS
Caja funeraria (osario) del primer siglo recientemente descubierta con la inscripción: "Jacobo, hijo de José, hermano de Jesús".

razón de que este descubrimiento fuera publicado en la carátula del diario *The New York Times* y en casi todos los periódicos del mundo es que la urna llevaba la siguiente inscripción en letras arameas muy bien definidas: "Jacobo, hijo de José, hermano de Jesús". Los arqueólogos piensan que es "la prueba arqueológica más temprana de tres importantes figuras –Jesús, Santiago y José– en la historia del cristianismo"[30]. Jacobo murió como mártir en el año 62 d.C. Las pruebas hechas en la piedra caliza de la urna, el examen que los expertos han hecho sobre la inscripción, y, el estilo de la escritura prueban que su origen es del período en que Jacobo murió. Dado que es un descubrimiento muy reciente, hay escépticos y académicos que piensan que se necesita someter el osario a estudios adicionales para confirmar su autenticidad[31]. Si la urna pasara el escrutinio, se convertiría en una afirmación enormemente importante de la veracidad histórica de las referencias tanto a Jesús como a su familia del Nuevo Testamento.

Poncio Pilato y Caifás

Las referencias a Pilato, identificado en los relatos de los Evangelios del Nuevo Testamento como el gobernador de Judea en el tiempo de la crucifixión de Cristo, son confirmadas en los escritos del historiador judío Josefo y del historiador romano Tácito[32]. Confirmación adicional apareció en la excavación arqueológica de la antigua Cesarea Marítima, la ciudad desde la cual gobernó, cuando se descubrió cerca del teatro una placa de piedra labrada de 60 por 90 centímetros con la siguiente inscripción: "Poncio Pilato, el prefecto de Judea, ha dedicado al pueblo de Cesarea un templo en honor a Tiberio"[33].

Asimismo, el Evangelio de Lucas menciona a Caifás como el sumo sacerdote judío que presidió el proceso a Jesús[34]. En 1990, mientras se realizaban obras de construcción en Jerusalén, el peso de las máquinas hizo que colapsara el techo de una caverna de piedra caliza, utilizada para propósitos funerarios en el siglo I. Ubicada en el Bosque de la Paz, la cueva contenía una urna esculpida, u osario, con un nombre inscrito en un costado. Era el nombre de "José Caifás", el mismo sumo sacerdote mencionado por Lucas[35]. También se ha hallado una tumba cercana que probablemente pertenecía al sumo sacerdote Anás[36].

Estas personas y muchas otras como los reyes Herodes El Grande y Herodes Agripa II, los emperadores Augusto y Tiberio, y los gobernadores Galión y Sergio Paulo son parte de los continuos descubrimientos de la arqueología que proveen prueba indubitable de que las referencias que el Nuevo Testamento hace son a personas reales y no a personajes de leyenda.

PIEDRA DE PONCIO PILATO EN CESAREA
Una piedra de construcción hallada en la ciudad de Cesarea con una inscripción que documenta la historicidad de ambos, Poncio Pilato y Tiberio.

Dr. Boyd Seevers

El Censo Romano y la Fecha del Nacimiento de Jesús

"En aquellos días César Augusto decretó que se hiciera un censo de todo el mundo romano. (Éste fue el primer censo que se efectuó siendo Cirenio gobernador de Siria)"[37]. Por muchos años, la existencia de un censo romano fue cuestionada por los críticos del Nuevo Testamento. Pero se ha encontrado formularios de censo en papiros de los siglos I a.C. y d.C., demostrando que la práctica fue común durante la vida de Jesús y en su localidad[38].

Pero, cuando se descubrió que el Imperio Romano realizaba sus censos cada 14 años, los críticos dijeron que no correspondía al año del nacimiento de Jesús. Adicionalmente, el único momento en que se pensaba que un tal Cirenio fue gobernador de Siria fue en el año 6 d.C. Sin embargo, cuando se volvió a examinar la evidencia externa, se confirmó la precision histórica del Nuevo Testamento.

Nosotros sabemos ahora que el rey Herodes El Grande murió en la primavera del año 4 a.c. y que él estaba bastante vivo cuando Jesús nació. Basado en este hecho y en que Jesús "era como de 30 años" cuando empezó su ministerio en el año 26 d.C., el nacimiento de Jesús debe haber ocurrido en el invierno de los años 5 al 4 a.C[39]. ¿Cómo nos llegamos a equivocar en la fecha? Un monje romano del siglo VI calculó que la Natividad fue en el año 753 desde la fundación de Roma, pero su cronología estaba desfasada entre cuatro y cinco años. Lamentablemente, el calendario gregoriano que se usa hasta hoy adoptó su cronología errada.

¿Pero y qué del problema de Cirenio y el tiempo del censo? El arqueólogo Guillermo Ramsay encontró diversas inscripciones indicando que un tal Cirenio fue, por cierto, gobernador de Siria en dos ocasiones. La primera fue varios años antes de su nombramiento al puesto por Augusto en el año 6 d.C. Recientemente se ha encontrado el nombre de Cirenio en una moneda antigua que lo tiene como procónsul de Siria y Cilicia del año 11 a.c. hasta después del 4 d.C[40]. Él podría haber sido gobernador al momento del nacimiento de Jesús en el año 5 a.c.; y, ahora muchos piensan que el censo ocurrió entre el 8 a.C. y el 5 a.C., con la fecha más tardía en un área periférica como Palestina. Nuevamente, esto corresponde al año de nacimiento de Jesús. Aunque el año tradicionalmente asignado al nacimiento de Jesús está mal calculado, Su nacimiento ha servido de todas maneras para anclar las designaciones a.C. y d.C. para casi todos en el mundo entero por siglos[41].

El Ministerio de Jesús

La existencia de numerosos sitios específicos a los cuales los Evangelios hacen referencia ha sido confirmada por los arqueólogos. Se cree que los restos de una casa del primer siglo, ubicada debajo de una iglesia del siglo IV en Capernaúm son los de la casa del apóstol Pedro, en donde Jesús se alojó frecuentemente durante su ministerio en Galilea. Aparentemente, en algún momento hacia la mitad del siglo I fue convertida de residencia a capilla y destinada a la exhibición y uso públicos. Asimismo, en Capernaúm se ha descubierto el piso de 55 x 72 metros de una sinagoga que data del siglo I[42]. Ésta es la misma sinagoga que el Nuevo Testamento afirma que fue construida por un centurión

SINAGOGA DE CAPERNAÚM
Los restos de esta sinagoga del siglo III o IV, construida sobre aquella en que enseñó Jesús. El área del piso del primer siglo era de 55 x 72 metros y es visible como una capa de basalto negro (ver recuadro).

Jerry Hawkes en www.holylandphotos.org
www.holylandphotos.org

romano que amaba a los judíos y en donde Jesús predicó frecuentemente durante su ministerio[43].

En Jerusalén se ha descubierto algunos baptisterios usados para la purificación ritual por inmersión, en excavaciones hechas a lo largo de la muralla sur del Monte del Templo[44]. Con bastante probabilidad éstos son los que el Evangelio de Lucas refiere que habrían usado José y María antes de ir al Monte del Templo para la purificación de María, después de haber dado a luz a Jesús[45]. Otras evidencias externas descubiertas por los arqueólogos, relacionadas con la historicidad del ministerio de Jesús, son el estanque de Betesda en Jerusalén en donde Jesús curó al paralítico[46], el estanque de Siloé, situado al final del túnel de 533 metros construido por el rey Ezequías, en el cual Jesús le devolvió la vista a un hombre nacido ciego[47], y la ubicación de

ESTANQUE DE SILOÉ www.holylandphotos.org
Al sur de la presente ciudad amurallada queda el estanque de Siloé, al cual Jesús envió a un ciego para que se lave y reciba la vista.

Gadara o Gergesa (la moderna El Kursi) en el lado este del Mar de Galilea, en donde Jesús echó fuera demonios de un hombre hacia una manada de cerdos[48]. Es una verdad sorprendente que hoy, 2,000 años después de que Jesús vivió, todavía podamos ver los mismos lugares en donde Él caminó y ministró.

Crucifixión de Jesús

Los escritores de los Evangelios mencionan el uso de clavos en la crucifixión de Jesús sobre una cruz de madera. La precisión del reporte de uso de clavos, en vez de amarrar a la víctima a la cruz, y, aún la práctica de la crucifixión misma en Palestina, han sido ambas cuestionadas por los críticos. Seguramente, decían ellos, los escritores deben haber embellecido sus relatos con detalles faltos de historicidad. Una publicación reciente sugiere que esto no es así[49]. He leído con fascinación el artículo científico que presenta detalles sobre la única víctima de crucifixión jamás descubierta. Los restos de un hombre de entre 24 y 28 años fueron encontrados en una tumba cerca de Jerusalén con un clavo de entre 12 a 13 centímetros que atraviesa uno de sus pies[50]. La prueba de carbono-14 mostró que la fecha de su crucifixión es el 42 d.C. (Jesús fue crucificado por el 30 d.C.) Nuevamente, la arqueología confirma el relato bíblico. Sí tenían clavos en Jerusalén en el tiempo de Jesús y sí los usaban para crucificar: ¡tal como los escritores de los Evangelios lo habían reportado!

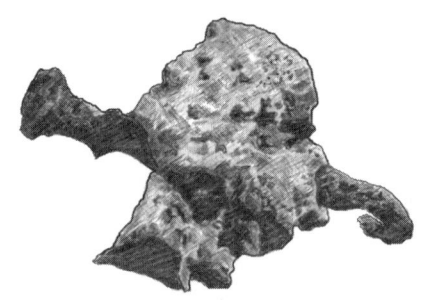

VÍCTIMA DE CRUCIFIXIÓN
En una excavación en Jerusalén se ha descubierto los huesos del tobillo y del pie (y el clavo) de la única víctima de crucifixión encontrada por los arqueólogos. La fecha es muy cercana a la fecha de la crucifixión de Jesús. (El esbozo de arriba está basado en una fotografía de dicho hallazgo).

Es más, los huesos de la pantorrilla de esta víctima habían sido "brutalmente fracturados... claramente producto de un golpe sólido y fuerte"[51]. Ésta era evidencia sorprendente que apoyaba la variante palestina de la práctica romana de la crucifixión, tal como es presentada por el Evangelio de Juan: "Así que fueron los soldados y quebraron las piernas del primer hombre que había sido crucificado con Jesús y luego las del otro. Pero cuando se acercaron a Jesús y vieron que ya estaba muerto, no le quebraron las piernas"[52]. El arqueólogo provee la siguiente explicación:

Normalmente, los romanos dejaban a la persona crucificada morir lentamente de un agotamiento físico que terminaba en asfixia. Sin embargo, la tradición judía requería que se le enterrara el mismo día de la ejecución. Por lo tanto, en Palestina el verdugo podía romperle las piernas a la persona crucificada a fin de apurarle la muerte y permitir, por lo tanto, el entierro antes de la llegada de la noche. Esta práctica, descrita en los Evangelios con referencia a los dos ladrones... ahora ha sido confirmada arqueológicamente[53].

Politarcas

Durante su segundo viaje misionero, el apóstol Pablo visitó la ciudad de Tesalónica. Lucas llama "politarcas" a los gobernantes de aquella ciudad[54]. El problema era que este título no se había encontrado en ninguna otra literatura antigua y, por lo tanto, los críticos asumían que Lucas se había inventado el término porque no tenía conocimiento de primera mano de la zona. Ellos se apresuraban a alegar que esto era un ejemplo de la falta de precisión del Nuevo Testamento. Pero, empezando con Guillermo Ramsay, el erudito del mundo clásico y arqueólogo de la Universidad de Oxford de finales del siglo XIX, los arqueólogos han encontrado por lo menos 32 inscripciones que tienen este título, 19 de las cuales vienen de Tesalónica y tres de ellas del primer siglo[55]. Lo más notable fue el descubrimiento de Ramsay de nombres griegos debajo de la frase "...en el tiempo de los politarcas" en un arco de piedra que estaba en la ciudad de Tesalónica del siglo I, el mismo arco por el cual el apóstol Pablo y Lucas podrían haber pasado.

Lucas estaba en lo cierto, "politarcas" era el título correcto de los magistrados de algunas de las ciudades de Macedonia. A pesar de haber sido frecuentemente cuestionada, la precisión histórica de Lucas quedó corroborada por la evidencia arqueológica. En efecto, F. F. Bruce afirma que "la clara familiaridad" de Lucas "con los títulos propios de todas las personas notables que se mencionan en estas páginas" es "una de las muestras más notables de su precisión"[56]. Él cita varias páginas de ejemplos. Luego de una vida dedicada a la investigación, el arqueólogo Guillermo Ramsay reconoció que fue la evidencia la que lo hizo cambiar del escepticismo y la incredulidad a la convicción de "que el relato de Lucas es inmejorable en cuanto a su confiabilidad". Él reconoció a Lucas como "un historiador de primer orden", colocándolo "junto con los más grandes de todos los historiadores"[57].

Los descubrimientos arqueológicos de hoy en día ya no son relevantes solamente para unos pocos científicos o para el aventurero curioso. Con la expansión de las excavaciones en Israel y con el advenimiento de medios de comunicación como la Internet, la gente en sus hogares y oficinas en todo el mundo está tomando conciencia de los hechos científicos que confirman la veracidad histórica de la vida de Jesús y el comienzo del cristianismo.

El Testimonio de los Académicos

El juicio profesional de los expertos internacionales también apoya la precisión histórica del Nuevo Testamento. Guillermo Albright, famoso arqueólogo de la Universidad de Johns Hopkins, escribió:

> El excesivo escepticismo mostrado hacia la Biblia por escuelas importantes de los siglos XVIII y XIX, con matices que todavía aparecen periódicamente, ha sido progresivamente desacreditado. Descubrimiento tras descubrimiento ha establecido la precisión de innumerables detalles, y ha traído un reconocimiento creciente hacia el valor de la Biblia como fuente de historia[58].

Este tema se repite una y otra vez. Por ejemplo Millar Burrows de la Universidad de Yale afirmó que "el trabajo arqueológico ha fortalecido incuestionablemente la certeza en la confiabilidad del registro escritural. Más de un arqueólogo ha encontrado que su respeto por la Biblia se ha incrementado después de haber excavado en Palestina"[59]. Éste es un verdadero desafío para aquellos que demandan evidencia para determinar la veracidad de las afirmaciones del Nuevo Testamento. ¡El doctor Burrows les invita a que agarren una pala y lo acompañen a verificar los datos! Nelson Glueck, arqueólogo judío de renombre, ha afirmado que "ningún descubrimiento arqueológico ha contradicho nunca una referencia bíblica"[60].

Finalmente, Kenyon, considerado como la autoridad líder en este campo, expresa lo que algunos han pensado que era una afirmación demasiado optimista:

> "Un joven que desea permanecer como ateo acérrimo no puede ser demasiado cuidadoso con su lectura. Hay trampas en todo sitio: 'Biblias abiertas, millones de sorpresas,' como Herbert dice, 'redes finas y estratagemas'. Dios es, si podemos así decirlo, muy inescrupuloso".
>
> C. S. Lewis, Cautivado por la Alegría

"La arqueología todavía no ha dicho su última palabra, pero los resultados ya logrados confirman lo que la fe sugeriría, que a la Biblia nada le puede ocurrir sino ganar en la medida en que se acumula mayor conocimiento"[61]. Mientras que esto fue escrito en 1948, Kitchen ha afirmado recientemente que "los descubrimientos continuos y el trabajo en las décadas que han transcurrido no han cambiado, sino solamente engrandecido, la verdad de su apreciación"[62]. Valga esto para mi perspectiva desinformada de que el cristianismo y la fe eran antiintelectuales.

La Evidencia Interna

En algún momento de mis años mozos, se me pegó la idea de que los relatos escritos acerca de Jesús eran realmente leyendas que se habían desarrollado mucho tiempo después de que Él se había ido. Durante mi escepticismo universitario yo pensaba que era ingenuo creer en relatos de hace dos mil años si éstos no fueron escritos por contemporáneos de Jesús ni por aquellos que lo conocieron a Él personalmente. Yo no podía imaginar mejor fuente que alguien que realmente hubiera estado allí.

Autores Que Han Sido Testigos Presenciales

En parte por ese tiempo, y en forma extensa después, yo descubrí que esto era exactamente lo que los escritores del Nuevo Testamento manifestaban ser. Esto es, ellos afirmaban ser testigos oculares o tener como fuentes a testigos presenciales. Es más, los relatos de las palabras y los hechos de Jesús en los Evangelios ya estaban siendo proclamados verbalmente dentro de los 50 días, y habían tenido cierta circulación en forma escrita dentro de los 25 años después de Su muerte y resurrección. El apóstol Pedro estuvo en Jerusalén menos de dos meses después de la muerte de Jesús, teniendo frente a sí a aquellos que eran hostiles al movimiento cristiano y dijo: "Israelitas, oigan estas palabras: 'Jesús nazareno, varón aprobado por Dios entre ustedes con las maravillas, prodigios y señales que Dios hizo entre ustedes por medio de Él, como ustedes mismos lo saben...'". Él prosiguió diciendo que "Dios resucitó a este Jesús, de lo cual todos nosotros somos testigos"[63], y no hay indicación de ningún intento de refutar estas referencias a los hechos históricos. Es más, nadie ha podido documentar tal refutación.

Imaginemos las dificultades que tendríamos hoy al tratar de publicar una biografía del ex presidente americano John F. Kennedy. En este relato ficticio, a Kennedy se le presenta como caminando sobre el agua, curando a los enfermos en frente de las multitudes, levantando a los muertos y alimentando a 5,000 personas con cinco panes de cebada y dos pescados. Luego de su muerte se dice que resucitó y que ha ascendido al cielo en presencia de 500 testigos oculares y que, como resultado, ha nacido un movimiento religioso en el cual se adora a Kennedy.

La única manera de que esta "biografía" sea aceptada por el público es que el libro nunca caiga en manos de alguna persona que haya conocido a Kennedy, o que todos los que alguna vez lo conocieron ya estén muertos y todos los relatos escritos de su vida y muerte hayan sido destruidos. De otra manera, aquellos que lo han conocido pueden testificar que tal biografía es falsa; y, así también lo afirmaría la evidencia escrita. Si hubiera todavía algunos "creyentes" recalcitrantes en Kennedy, se podría exhumar su cadáver y poner fin a tal tontería.

> "La fe no es ciega... En el caso de la Fe Cristiana, ésta surgió para los primeros discípulos de la contemporaneidad histórica con Jesús. Ellos no se sintieron arrastrados por la evidencia: mucha gente la vio y se negó a comprometerse. Pero la evidencia fue la base sobre la cual ellos se comprometieron".
>
> Michael Green, *La Verdad del Dios Encarnado*

De la misma manera, si hubiese alguna invención o alejamiento de los hechos acerca de Jesús en lo presentado por Pedro, sería inconcebible que los 3,000 respondieran en arrepentimiento y fe a una persona que sabían que era un fraude o producto de la imaginación de Pedro[64]. Esto es especialmente verdad cuando nos damos cuenta de que hacer tal confesión significaba un sacrificio tremendo, quizá la pérdida de sus negocios, sus familias y hasta sus vidas. Si Pedro sabía que sus afirmaciones acerca de Jesús eran falsas, de seguro hubiera sido lo suficientemente listo como para salir de Jerusalén e irse a donde la gente no tuviera conocimiento de primera mano acerca de Jesús. Pero, la enseñanza cristiana acerca de la vida, muerte y resurrección de Jesús se originó y fue aceptada en Jerusalén, en donde la gente estaba en la mejor posición de saber si era o no verdad, y en donde aceptarla les costaría muchísimo.

El apóstol Pablo, también, con la vida pendiendo de un hilo ante el procurador romano Festo y el rey Agripa, apeló a los eventos de la vida de Jesús como históricamente ciertos. Él dijo: "El rey, delante de quien también hablo con toda confianza, sabe estas cosas, pues no pienso que ignora nada de esto, porque no se ha hecho esto en algún rincón"[65].

Escritos de Fecha Temprana

Por lo tanto, la amplia evidencia que establece la autoría de los documentos del Nuevo Testamento dentro de los 20 a 30 años después de la muerte de Jesús hace que no se pueda sostener la teoría de que los relatos son leyenda. Como afirma Bruce, "los discípulos no podían darse el lujo de arriesgarse con imprecisiones (y ni qué decir de manipulaciones deliberadas de los hechos), que serían expuestas de inmediato por aquellos que estarían tan contentos de poder hacerlo"[66]. No se sabe de ninguna leyenda que se haya desarrollado y haya sido generalmente aceptada dentro de la misma generación de los eventos y personas[67]. Sherwin-White, el historiador de la Universidad de Oxford de los tiempos romanos, explica por qué: "Para que estos relatos sean leyendas, la tasa de acumulación legendaria tendría que haber sido 'increíble'; se necesitan más generaciones... aún el intervalo de dos generaciones es demasiado corto para permitir que las tendencias legendarias eliminen el núcleo de los hechos históricos"[68].

Procedimientos Legales

Los procedimientos legales en contra de Jesús y de Pablo, mencionados en las narrativas de los juicios en el Nuevo Testamento, corresponden a lo que sabemos de las prácticas romanas durante el primer siglo después de Cristo[69]. F. F. Bruce extiende la precisión aún "a la esfera más general del color y atmósfera local. Él [Lucas] presenta la atmósfera correctamente cada vez"[70]. Tales inclusiones tan sutiles en los relatos del Nuevo Testamento sólo podrían ser el resultado de autores que estuvieron ahí de veras, es decir, testigos oculares.

UN VEREDICTO ALTAMENTE PROBABLE

Basado en los mismos métodos que utilizan los expertos en literatura e historia hoy en día, la única conclusión razonable a la que puedo arribar es que la Biblia es el libro más confiable de la Antigüedad. Si alguno decidiera rechazar la evidencia del Nuevo Testamento como insuficiente, la honestidad a los hechos le requeriría que rechazara también toda la otra literatura de la Antigüedad, cuya evidencia es muy inferior a la que apoya al Nuevo Testamento.

En mi caso, sólo los prejuicios testarudos que me quedaban hacía que yo me aferrara tenazmente a mis

> "A los prejuicios rara vez se les derrota con argumentos; no estando fundados en la razón, no pueden ser destruidos con la lógica".
>
> Tryon Edwards, *El Nuevo Diccionario de las Ideas*

escépticos puntos de vista anteriores. Si tan sólo hubiera conocido la evidencia que encontré después y que he incluido en este capítulo, yo no creo que mi búsqueda hubiera sido tan prolongada.

En el siglo XVIII, el escéptico francés Voltaire manifestó que en unos 100 años más, la cristiandad sería barrida de existencia y habría pasado a la historia. En vez de esto, a 25 años de su muerte, la Sociedad Bíblica Británica y Extranjera fue establecida y publicó más de 229 millones de Biblias en sus primeros 100 años. La misma prensa de Voltaire fue luego utilizada para imprimir copias de la Biblia; y, la Sociedad Bíblica de Ginebra usó su casa para almacenar Biblias para distribución[71]. La confiabilidad histórica sobre la que se basa la fe cristiana hace que sea difícil eliminarla de una sociedad informada. A.N. Sherwin-White, académico internacionalmente reconocido de la Universidad de Oxford, ha escrito que "para [el libro de los] Hechos la confirmación histórica es abrumadora... cualquier intento de rechazar su historicidad básica aún en materia de detalles debe ahora aparecer absurda. Los historiadores especializados en Historia Romana hace fecha que ya dan esto por sentado"[72]. Él presenta argumentos similares a favor de los Evangelios. De hecho, Lucas hace referencia a 32 países, 44 ciudades y 9 islas, sin incurrir en error alguno[73].

C. S. Lewis, profesor de Literatura Medieval y del Renacimiento de la Universidad de Cambridge, reconoció que la evidencia a favor de la historicidad de los Evangelios fue un factor primordial en su conversión del ateísmo[74]. Frank Morrison, periodista inglés, se dispuso a probar que la historia de Cristo estaba salpicada de mito y leyenda. A través de su investigación descubrió que los registros bíblicos eran históricamente válidos[75]. Muchas otras personas han investigado la evidencia histórica y la han encontrado extremadamente convincente.

Hemos examinado parte de la evidencia que apoya a la primera y crucial condición, para verificar la afirmación de que Jesús es Dios; esto es, la necesidad de un registro histórico confiable del siglo I acerca de Jesús. El lector se encuentra ya en posición de ser juez sobre este asunto. Debemos ahora tornar nuestro enfoque a lo que estos documentos, históricamente confiables, reportan que Jesús de Nazaret dijo e hizo. Para determinar si Él era más que simplemente un hombre requerirá que examinemos estas fuentes primarias, para así encontrar los datos de Su vida. El jurado, en cuanto este asunto concierne, está aún deliberando.

— Enfoque y Discusión —

1. ¿Por qué es que es tan importante para el argumento de la existencia de Dios que el Nuevo Testamento sea un registro fidedigno del siglo I?

2. ¿Qué evidencia en este capítulo, si así fuera, te fue inesperada o te vino como sorpresa? ¿Cómo cambió tu opinión o entendimiento del Nuevo Testamento?

3. Basándose en la información en este capítulo, ¿cómo es que la ciencia arqueológica ha apoyado la confiabilidad histórica del Nuevo Testamento?

4. ¿Qué tan bien conocida en la sociedad de hoy es la evidencia a favor de la integridad y la confiabilidad histórica del Nuevo Testamento, tal como es presentada en este capítulo? ¿En la comunidad cristiana? ¿Por qué piensas que esto es así?

5. ¿Qué evidencia debilita el alegato de que los relatos del Nuevo Testamento acerca de Jesús son sólo leyendas?

6. Supongamos que participaste en un evento que ocurrió hace 25 o 30 años. ¿Podrías recordar el incidente lo suficientemente bien como para reconocer si alguna tergiversación del evento te fuera presentada verbalmente o por escrito? ¿Qué consecuencias trae esto al alegato de que los relatos en los Evangelios son leyendas fabricadas y no históricamente ciertas?

CAPÍTULO 3

¿ES JESÚS REALMENTE DIOS?
Evaluando la Evidencia de los Testigos Oculares

El arzobispo de Canterbury: "Jesús es el Hijo de Dios, usted sabe".
Jane Fonda: "Tal vez Él lo sea para usted, pero no lo es para mí".
El arzobispo: "Bueno, o Él lo es o no lo es".
Conversación en el programa de Dick Cavett
(en *The Quest for Faith*, C. Stephen Evans)

Cuando alguien deja de creer en Dios, no es que ya no crea en nada.
¡Esa persona termina creyendo en cualquier cosa!
G. K. Chesterton, escritor británico

Jesús se enfrentó a una tarea muy difícil. Él nació en una familia judía hace 2,000 años. Creció en la pequeña aldea de Nazaret en Israel, en una provincia alejada, sin mayor importancia, del Imperio Romano. Por todo lo que sabemos, Él creció como un niño normal que "siguió creciendo en sabiduría y estatura, y cada vez más gozaba del favor de Dios y de toda la gente"[1]. Sin embargo, cuando Él tenía como 30 años, se paró delante de la sinagoga del pueblo donde había crecido y anunció: "Hay algo que estaba queriendo decirles: ¡Yo soy Dios!".

Si uno de mis amigos o colegas me dice tal cosa, yo me pongo a reír o a llorar. ¡Pensaría o que está bromeando o que está loco de remate! ¿Qué hace que lo dicho por Jesús sea diferente? La única manera de que yo pueda considerar seriamente tal afirmación es si Él provee evidencia contundente para respaldar lo que ha dicho. Yo tendría que tener razones que sustenten su credibilidad.

Y aquí es donde estamos también en nuestra comprobación. Descubrimos en el capítulo 2 que tenemos todas las razones para confiar en que los relatos de la vida de Jesús en los Evangelios son fuentes históricas fidedignas. Por lo tanto, podemos usarlas para verificar la afirmación del cristianismo de que Jesús es Dios.

Lo que estoy proponiendo, para mí es terreno familiar. Cuando era profesor de Ecología, solía llevar a mis estudiantes al campo para que tomen experiencia de primera mano con el tema a tratarse en clase.

Esto es lo que estoy sugiriendo que hagamos con la afirmación de que Jesús es Dios: que realicemos trabajo de campo. Podemos verificar la credibilidad de esta afirmación por nosotros mismos al meternos en las sandalias de los testigos oculares, a través de sus relatos, y, con sus oídos escuchar lo que Él afirmó; y, con nuestros ojos, ver lo que Él hizo.

SOMETIENDO A PRUEBA LA AFIRMACIÓN DE QUE DIOS SE HIZO HOMBRE

Evidencia de las Afirmaciones de Jesús

Mesías[2]

Las palabras que he utilizado para el anuncio que Jesús hizo en la aldea en que creció no son una cita del Nuevo Testamento. De hecho, se podría argüir que en esa ocasión Él no reclamó para sí la divinidad de ninguna manera. El incidente, tal como lo registra el relato del médico Lucas, nos indica que Jesús leyó del libro del profeta Isaías[3] en el Antiguo Testamento. Ésta era una profecía muy familiar que los judíos mantenían que sería cumplida por el Mesías, o Cristo, cuando viniera. Jesús concluyó Su lectura con las palabras: "Hoy se cumple esta Escritura, en presencia de ustedes". En otras palabras, Jesús dijo: "¡Aquí estoy! ¡Estén ustedes listos o no!". Jesús estaba afirmando ser el Mesías[4] del cual se había profetizado.

Ésta es una afirmación audaz, y una que Él también hizo en otras ocasiones[5]. La respuesta de la gente que lo escuchó ese día hace que esto quede bien claro: "¿No es éste el hijo de José?". Su actitud inquisitiva hizo que Jesús se anticipara a lo que podría ser una expectativa razonable diciendo: "Seguramente ustedes me van a citar el proverbio: '¡Médico, cúrate a ti mismo!'". Esto equivale a nuestra expresión moderna: "¡Demuéstramelo!". El contexto nos muestra que la gente rechazó, por lo menos en aquel momento, la afirmación de Jesús de ser el Mesías. ¿Quién estaba en lo cierto? Sólo la evidencia adicional puede responder esta pregunta.

Señor Dios

Si Jesús era o no el Mesías era un asunto pálido, comparado con la controversia que se levantó en un encuentro que Jesús tuvo con los fariseos. En dicha ocasión, Jesús desafió la enseñanza que ellos impartían de que el Mesías iba a tener solamente naturaleza humana. El Evangelio de Mateo registra Su razonamiento:

> Mientras estaban reunidos los fariseos, Jesús les preguntó: "¿Qué piensan ustedes acerca del Cristo? ¿De quién es hijo?". Ellos le respondieron: "De David". Él les respondió a ellos: "Entonces cómo es que David, hablando por el Espíritu, lo llama a Él 'Señor', diciendo: 'Dijo el Señor a mi Señor'... Si David lo llama a Él 'Señor', ¿cómo puede entonces ser su hijo?". Nadie pudo responderle ni una sola palabra..."[6].

El propósito de la pregunta es que si David en el Antiguo Testamento llama "Señor" al Mesías, entonces el Mesías tiene que ser más que el descendiente físico de David. La frase que David utilizó es "*Yahweh* [el Señor] dijo a *Adonai* [mi Señor]". Ya que ambos son nombres para Dios, se podría traducir al español como "Dios le dijo a Dios". David le aplica la segunda mención a uno de sus descendientes, el Mesías. Jesús les estaba demostrando cuán inapropiado sería que David se refiriera a cualquier otro ser humano con el título divino de "Señor". El catedrático Tasker afirma: "En otras palabras, el Mesías, si bien es de la descendencia de David, es también de origen divino"[7]. ¿Por qué traería Jesús este punto a la conversación, excepto para corregir una falsa percepción que se tenía de la naturaleza del Mesías? Es obvio que Él quería que ellos entendieran que como su Mesías, Él era ambos, hombre y Dios.

YO SOY[8]

¿Pero por qué era Jesús tan sutil? ¿Afirmó alguna vez ser Dios? Esto ocurrió cuando los líderes judíos le preguntaron a boca de jarro: "¿Quién afirmas ser tú?". Entre otras cosas Jesús dijo: "En verdad, en verdad les digo, antes que Abraham naciera, YO SOY"[8]. Cuando nos damos cuenta de que Abraham vivió unos 2,000 años antes que Jesús, entonces podemos entenderles la pregunta: "Ni a los 50 años llegas ¿y has visto a Abraham?".

Jesús estaba afirmando su preexistencia, esto es, que Él vivía antes que Abraham. Su nacimiento como un bebé en Belén no era Su comienzo. Es más, la manera en que Él expresó Su respuesta en tiempo presente sugiere que, en realidad, Él no tiene comienzo.

Más importante todavía, Jesús se aplicó el título "YO SOY" a Sí mismo. Éste era uno de los nombres más importantes de Dios en el Antiguo Testamento[9]. Que un hombre hiciera esto no tenía precedentes. Los contemporáneos judíos de Jesús eran totalmente reacios a pronunciar, siquiera, el nombre de Dios, por temor a que sus labios impuros pudieran deshonrarlo. Pero Jesús no sólo puso el nombre de Dios en Sus propios labios, sino que también se lo adscribió a Sí mismo, aunque de manera cifrada.

El contexto del pasaje apoya este punto de vista. Al escuchar Su respuesta, ellos trataron de matar a Jesús apedreándolo. Ésta es una evidencia clara de que ellos entendieron que Él estaba afirmando ser Dios, ya que tal afirmación sería considerada blasfemia y merecería la pena de muerte, de acuerdo con su ley.

Uno con el Padre[10]

A Jesús también se le pidió que clarificara Su identidad en otras ocasiones. En la fiesta invernal de la Dedicación en Jerusalén se le preguntó nuevamente: "¿Hasta cuándo vas a tenernos en suspenso? Si tú eres el Cristo, dínoslo con franqueza". Jesús les respondió: "El Padre y Yo uno somos". ¿Qué podría estar queriendo decir con esto?

Una posibilidad es que el Padre y Jesús sean 'uno y el mismo'. Esto implicaría que mientras que Jesús estaba en la Tierra, no había nadie en el Cielo atendiendo al universo. Ellos serían la misma persona. La gramática griega nos ayuda aquí. Si éste fuera el sentido, "uno" tendría que estar en género masculino. No lo está. Está en género neutro.

El género neutro podría significar estar "de acuerdo" o "en unidad". Esto sería como si yo dijera que yo estaba en la voluntad de Dios. Pero el contexto del pasaje va en contra de esto. Si esto hubiera sido lo que Jesús quería decir, ellos no podrían haber justificado la sentencia de muerte, que tan claramente buscaban tratando de apedrearle. El haber estado en unidad o de acuerdo con Dios es lo que todos ellos deberían haber querido.

Los contemporáneos de Jesús, quienes hablaban el mismo lenguaje y compartían la misma cultura, estaban mejor equipados para saber lo que Él quería decir con "uno". Su respuesta hace claro lo que ellos entendieron: "Por buenas obras no te apedreamos, sino por la blasfemia, porque tú siendo hombre, te haces Dios". Aquí "uno" quiere decir "esencia", esto es, que Jesús y el Padre son iguales. Jesús comparte todos los atributos divinos del Padre. Esto corresponde a la gramática y al contexto perfectamente, y, explica la reacción de los fariseos.

De Arriba y No de Este Mundo[11]

En los años de mi búsqueda de respuestas, recuerdo que yo pensaba que Jesús era como cualquier otro hombre. Por ejemplo, su conversación era sabia, pero no me parecía que indicara ninguna afirmación de deidad. Yo me preguntaba por qué se molestaría alguien en atribuirle deidad. En retrospectiva, me doy cuenta de que yo tomé esta posición por ignorancia, esto es, en realidad yo no estaba lo suficientemente familiarizado con las enseñanzas de Jesús como para poder darme cuenta. Más adelante, cuando empecé a leer lo registrado en los Evangelios, me di cuenta de que mucho de lo que Jesús dijo no podría ser nunca parte apropiada del discurso de cualquier otra persona.

Trata, por ejemplo, de usar algunas de las palabras de Jesús con tu vecino de al lado: "Ustedes son de aquí abajo, yo soy de allá arriba". A menos que vivas en un edificio de apartamentos, ciertamente que captarás su atención. Si a esto le añades las palabras de Jesús que siguen: "Ustedes son de este mundo; yo no soy de este mundo", harías que tu vecino salga disparado ¡a buscarte una ambulancia! Éstas no son las afirmaciones de un hombre normal. El afirmar que uno es de otro mundo, y añadir además que – a menos que la gente crea que tú eres Dios ("YO SOY")– ellos van a morir en su pecado y ser separados de Dios para siempre, es invitar al escarnio y a la burla, a menos que puedas de alguna manera sustentar estas afirmaciones de manera creíble.

Darle Vida Eterna a Cualquiera[12]

Imagínate que estás sentado en una banca de un concurrido centro comercial. Le haces señas a la gente para que venga a ti y les preguntas discretamente si les gustaría vivir para siempre. Tomados por sorpresa, te miran con asombro. Entonces les aseguras que si después de que lo piensen bien, el recibir vida eterna les suena como una buena idea, que vengan a buscarte y tú se la darás. Dudo que mucha gente venga a buscarte.

Pero esto es exactamente lo que Jesús dijo: que Él le daría vida eterna a quienquiera que Él desee. A Marta y a María, devastadas por la muerte de su hermano Lázaro, Jesús les dijo: "Yo soy la resurrección y la vida; el que cree en Mí, aunque esté muerto vivirá. Y todo el que vive y cree en Mí, no morirá eternamente". ¿Qué diferencia hay entre que Él lo diga y que

UN RESUMEN DE AFIRMACIONES SELECCIONADAS DE JESÚS

1.	**Él es el Mesías (Cristo)** Al Mesías también se le identifica como "Dios Fuerte" y "Padre Eterno" en Isaías 9:6.	Lucas 4:14-21; Juan 4:25-26
2.	**Él es el Señor Dios** El Mesías es de la descendencia davídica y de origen divino.	Mateo 22:41-46
3.	**Él es el YO SOY** Él existía antes que Abraham y puede llevar legítimamente el nombre de Dios.	Juan 8:53-59
4.	**Él es Uno con el Padre** Él es uno en "esencia"; Él posee todos los atributos divinos.	Juan 10:30-33
5.	**Él es de arriba y no de este mundo** Él es de origen celestial.	Juan 8:23-24
6.	**Él le puede dar vida eterna a cualquiera** Él tiene el derecho de otorgarle la vida eterna a Sus seguidores y tiene el poder de garantizarla.	Juan 5:21; 10:27-28
7.	**Él tiene todo poder en el Cielo y en la Tierra** Él es el Hijo de Dios, con autoridad absoluta en todas las esferas.	Mateo 28:18; Juan 19:7

Gráfico 1.

tú o yo lo digamos? Ninguna, en realidad, a menos que uno de nosotros pueda proveer evidencia de que, en realidad, sí podemos hacerlo. Eso fue precisamente lo que Jesús hizo: levantó a Lázaro de entre los muertos, en presencia de muchos testigos.

Toda Autoridad en el Cielo y en la Tierra[13]

Imagínate que vas a una conferencia de líderes mundiales, que incluye a los presidentes de los países más poderosos, y mirándoles a los ojos les dices: "Se me ha dado toda autoridad en el Cielo y en la Tierra". Ésta es otra de las afirmaciones humanas 'normales' de Jesús, que de manera muy entendible hubieran sido de afrenta al gran Imperio Romano de su tiempo. Yo creo que no es irrazonable sugerir que si lo que Jesús dijo fuera puesto en nuestra boca hoy en día, seríamos candidatos de fuerza a que nos encierren y nos traten por desórdenes psiquiátricos. De hecho, Jesús murió por sus afirmaciones. A lo largo de la historia, a la gente se le ha sentenciado por lo que ha hecho, por ejemplo, por haber cometido un crimen. Pero Jesús fue crucificado por quien Él afirmó ser: "Él debe morir porque se hizo a sí mismo Hijo de Dios"[14].

No ha de caber duda en el recorrido que hemos hecho hasta ahora, que una de las razones por las cuales los cristianos hoy piensan que Jesús es Dios es porque quienes estuvieron con Él hace 2,000 años reportan que Él afirmó ser Dios. Los datos de Su vida, registrados por testigos presenciales son bastante convincentes. Albert Schweitzer, que pensaba que Jesús malinterpretó Su propia naturaleza, reconoció que había suficiente evidencia para entender que Jesús sí afirmó ser Dios. La preocupación que tuvo en su tesis doctoral fue la de explicar cómo pudo Jesús estar en sus cabales y a la misma vez afirmar ser Dios[15]. El gráfico 1 presenta un resumen de la evidencia que sustenta las afirmaciones de Jesús.

Evidencia de las Acciones de Jesús

Muchos han afirmado ser Dios. Los hombres sagrados de la India pueden aún atraer a multitudes con sus supuestos poderes mágicos. Invariablemente, sin embargo, sus vidas no alcanzan a ser divinas y pierden la credibilidad de sus seguidores. Jesús es la excepción. Mientras más tiempo la gente pasaba con Él, más seguros estaban de que sus afirmaciones eran válidas. Aquí es donde nuestro viaje de exploración es particularmente valioso. Podemos ver a Jesús a través de los ojos de quienes caminaron con Él. Lucas registra la historia de lo que Jesús hizo por casi los dos años que siguieron al rechazo que dio el pueblo de Nazaret a Su afirmación. Durante esos dos años, muchos cambiaron de opinión acerca de Él. Su transformación del escepticismo a la aceptación es sorprendente. ¿Qué les hizo cambiar?

La respuesta a esa pregunta es obvia, para cualquiera que tome seriamente los relatos bíblicos de la vida de Jesús. Los reportes que tenemos de testigos oculares de las cosas que Él hizo son sorprendentes. Muchos de Sus contemporáneos fueron persuadidos por estos eventos para llegar a creer en su naturaleza divina, a pesar de que estuvieron predispuestos en contra de tal conclusión. Si estamos dispuestos, ahora podemos mirar por nosotros mismos lo que ellos le vieron hacer. Continuemos, pues, con nuestro viaje exploratorio.

Autoridad de Perdonar y Quitar las Consecuencias del Pecado[16]

Muchos de los eventos que Lucas registró en su Evangelio son fascinantes. Luego que anunció ser el Mesías en Nazaret, Jesús fue a Capernaúm a la orilla noroeste del Mar de Galilea. Ahí, probablemente en lo que fue la casa del apóstol Pedro, muchos de los líderes religiosos más hábiles de Israel –fariseos y maestros de la ley– se habían reunido. Debido al acceso limitado que tenía la multitud, algunos hombres que cargaban a un paralítico en una camilla se lo presentaron a Jesús, a través de una abertura que hicieron en el techo de la casa. Jesús le dijo al paralítico inmediatamente: "Tus pecados te son perdonados". A los escribas y fariseos esto les era ofensivo: "¿Quién es este hombre que habla blasfemias? ¿Quién puede perdonar pecados sino sólo Dios?". ¿Qué causaba que estuvieran tan ofendidos?

Imagínate que mientras que yo le estoy hablando a un grupo, se levanta de repente un individuo, viene corriendo hacia a mí, y de un golpetazo me tira al piso. De manera igualmente súbita el sujeto muestra un cambio radical, se disculpa profusamente y ruega que lo perdone. Si yo lo perdonara, ¿me acusaría el resto de mi audiencia de blasfemia, como si yo estuviera usurpando la prerrogativa de Dios? No sólo sería esto improbable, sino que ellos seguramente me elogiarían por mi benevolencia. Sin embargo, las circunstancias en el incidente de Jesús deben haber sido distintas a las de mi escena imaginaria. Déjenme seguir explicando el asunto.

Supongamos nuevamente que alguien de mi audiencia casi me deja en el piso de un porrazo y, luego, presenta sus disculpas. Pero antes de que yo responda, otra persona del público viene hacia adelante y le dice a quien me golpeó: "Quiero que sepas que te perdono por haber golpeado a

CASA DE PEDRO Dr. Boyd Seevers
Justo al cruzar la calle de la sinagoga de Capernaúm, estos cimientos hexagonales de un edificio del siglo V se levantan sobre los restos, aún apreciables, de la casa del siglo I del apóstol Pedro.

Donald". Aún en mi condición aturdida, yo ciertamente cuestionaría qué es lo que tiene que hacer este tercero con el golpetazo que me dieron. La ofensa fue hacia mí y lo correcto es que sólo yo sea el que ofrezca perdón. El tercero ni está en posición de perdonar ni tiene el derecho de hacerlo. Pues bien, para los fariseos y maestros de la ley, Jesús era un tercero. Es poco probable que Él haya visto al paralítico antes. En cuanto podemos saber, este hombre jamás le había hecho nada a Jesús que requiriese Su perdón. Cualquier pecado que el paralítico tuviera en su vida era, al final de cuentas, una ofensa ante Dios. Por lo tanto, ¡Dios era quien tenía que perdonar! Ya que los líderes religiosos no habían entendido o aceptado que Jesús era Dios, ellos pensaban que Él era culpable de blasfemia y que Él, un tercero en la situación, estaba usurpando la posición y el derecho reservado sólo para Dios.

Además, sin lugar a dudas, ellos pensaban que se trataba de charla ociosa. No creían que Él en realidad quitara el pecado del hombre. Después de todo, es bastante difícil demostrar visiblemente que tú le has perdonado los pecados a alguien. Pero, en este caso, sí había manera. Lucas registra la respuesta de Jesús al reto:

> "Pues para que sepan que el Hijo del Hombre tiene autoridad en la Tierra para perdonar pecados", se dirigió entonces al paralítico: "A ti te digo, levántate, toma tu camilla y vete a tu casa". Al instante se levantó a la vista de todos, tomó la camilla en que había estado acostado, y se fue a su casa alabando a Dios. Todos quedaron asombrados... y decían "Hoy hemos visto maravillas"[17].

El sanar instantáneamente a un hombre paralítico y enviarlo a su casa llevando su camilla es de veras alucinante. ¿Pero cómo probaba esto que Jesús le había quitado los pecados al hombre? El grupo erudito allí presente parece que estuvo bien persuadido. Hallamos la respuesta en la convicción que había entre los judíos de aquel entonces. Esto es, ellos veían una relación directa entre el pecado y el juicio consiguiente, en la forma de dolor, sufrimiento, etc. A manera de ecuación, ellos estaban diciendo:

La Presencia de Pecado ⇨ **Lleva a** ⇨ **Las Consecuencias del Pecado**

En otras palabras, si estuviera subiendo escaleras con un grupo de judíos del primer siglo, y me resbalo y me hago daño, ¡ellos se reunirían en torno a mí y me preguntarían qué pecado había cometido recientemente! Esta manera de pensar queda ilustrada en otra ocasión, cuando los discípulos de Jesús le preguntan si la grave situación de un ciego era causada por el pecado de sus padres o por los de él mismo[18].

Es por esto que, cuando le traen a Jesús al paralítico en la camilla, las autoridades religiosas veían su parálisis como consecuencia de su pecado. Esto le brindó una oportunidad a Jesús de demostrar visiblemente, a satisfacción de ellos, que se había quitado el pecado de este hombre, esto es, al haberlo curado. Si la presencia del pecado causaba la parálisis, que desapareciera ésta implicaba que se había quitado el pecado que la originaba.

La Eliminación de la Consecuencia del Pecado ⇨ **Prueba** ⇨ **La Eliminación del Pecado que la Causó**

Los fariseos y maestros de la Ley respondieron: "Hoy hemos visto maravillas". Aunque Jesús hizo uso de aquella lógica, para satisfacer la necesidad que ellos tenían en ese momento de una evidencia manifiesta de Su poder divino, en realidad Él no compartía este punto de vista tan simplista entre el pecado y sus consecuencias[19].

Autoridad sobre la Muerte

En Naín, ciudad sureña de Galilea, Jesús se encontró con una procesión que llevaba a enterrar al hijo único de una viuda. Lucas registra la acción de Jesús:

> Cuando el Señor la vio, se compadeció de ella y le dijo: "No llores". Entonces se acercó y tocó el féretro. Los que lo llevaban se detuvieron; y Jesús dijo: "Joven, ¡te ordeno que te levantes!". El muerto se incorporó y comenzó a hablar, y Jesús se lo entregó a su madre. Todos se llenaron de temor... [20].

Temor, efectivamente. Si yo hubiera estado allí cuando el joven se sentaba en su ataúd, ¡yo me caía sentado! Jesús tuvo compasión por la viuda, y levantó a su hijo de entre los muertos. Muchos otros también sintieron compasión aquel día, pero sólo podían llorar. El abismo entre ellos y Jesús era inmenso. La única manera de que este incidente no revolucionara la perspectiva que cada persona tenía de Jesús era, que negaran que hubiera sucedido. ¿Pero sobre qué fundamento? Éstos son los escritos más confiables de la Antigüedad. La gente que vio este milagro ese día se dio cuenta de que Jesús era especial, tal como lo indican sus comentarios: "¡Un gran profeta se ha levantado entre nosotros!" y "¡Dios ha visitado a su pueblo!". El hijo de José nunca había hecho cosas como *ésta* antes. A los contemporáneos de Jesús se les hacía cada vez más difícil referirse a Él como solamente el hijo del carpintero. En el primer capítulo nos dimos cuenta de que la muerte es el vencedor final sobre nuestra vida, si es que el triángulo finito es todo lo que hay. Pero Jesús demostró que si confiamos en Él, el Dios infinito y encarnado, entonces para nosotros la muerte ya no es más el vencedor.

Autoridad sobre la Naturaleza[21]

Jesús y Sus discípulos estaban cruzando el Mar de Galilea en un bote de pesca, típico de su tiempo, equipado con sitio para dormir y almacenamiento debajo de la cubierta, cuando un viento severo, conocido por los pescadores de Galilea aún hoy en día, amenazaba sus vidas. Llenos de pánico, los discípulos despertaron a Jesús. Él "se levantó y reprendió al viento y a las olas; la tormenta se apaciguó y todo quedó tranquilo". Como científico, yo estoy familiarizado con las leyes de la naturaleza. En Jesús venimos a estar cara a cara con el Creador de estas leyes. Su dominio sobre los elementos naturales fue tan instantáneo y decisivo que aquellos que estuvieron con Él allí se preguntaban muy apropiadamente: "¿Quién es éste, que manda aun a los vientos y al agua y le obedecen?". Ésta es una muy buena pregunta.

Los incidentes arriba mencionados son sólo cuatro de los 34 eventos milagrosos que los testigos oculares de Jesús dejaron registrados en los Evangelios. ¿Hubiera podido Jesús, si hubiese sido solamente un maestro humano, perdonar pecado contra Dios, sanar el cuerpo humano, levantar a los muertos, y mandar a la naturaleza que le obedezca? Tal vez, dirán algunos, Él era solamente como el profeta Elías, quien, como humano, también realizó actos milagrosos. Pero había una diferencia significativa entre los dos que hubiera sido muy evidente, en especial entre los judíos de Su tiempo. Era característico que todos los profetas empezaran o concluyeran todo lo que hacían con "Así dice el Señor" o "El Señor ha hecho así". Ningún profeta reclamó jamás tener poder de hacer un milagro que no viniera de Dios. Pero Jesús dijo: "Yo soy la Resurrección y la Vida", "Yo doy vida eterna", y "Yo soy la luz del mundo". Si Él hubiera sido sólo un profeta, entonces Él hubiera sido un blasfemo y mentiroso[22].

> "Finalmente, el problema del destino de la historia gira en torno a la pregunta: '¿Quién es en realidad el hombre y cuál es su origen y su destino final?'. Aparte de la revelación central de la Biblia acerca de la creación, la caída en el pecado, y la redención a través de Jesucristo, no hay respuesta verdadera que se halle para esta pregunta...".
>
> Herman Dooyerweerd, profesor holandés de Filosofía

BARCA DE JESÚS
Jerry Hawkes en www.holylandphotos.org
Enterrado en la arena del Mar de Galilea, este bote de pesca es del tiempo de Jesús y, sin lugar a dudas, es similar (véase el inserto) a los que usaron pescadores como Pedro.

www.holylandphotos.org

Muchas Otras Pruebas Convincentes

La estrategia de Jesús era proveer razones para que la gente creyera en Su afirmación de ser Dios. Su invitación era clara: "No me crean a Mí, si no hago lo que Mi Padre hace. Pero si lo hago, aunque no me crean a Mí, crean en los milagros..."[23]. Esto es lo que hemos estado viendo (los milagros de Jesús). Adicionalmente, como fruto de un estudio reciente, me he dado cuenta de otras indicaciones de la deidad de Jesús en los registros históricos.

Aceptación de Adoración[24]

Antes de empezar Su ministerio público, Jesús experimentó 40 días de tentación en el desierto. Cuando el diablo lo invitó a adorarle, a cambio de un reino terrenal, Jesús le dijo citando la Ley: "Al Señor tu Dios adorarás y a Él sólo servirás"[25]. Posteriormente durante su ministerio, Sus seguidores le dirigían adoración a Jesús, y Él la aceptaba sin ninguna indicación de protesta. De hecho, Él la aprobaba. Uno tiene que concluir o que Jesús era un hipócrita asqueroso o que se veía a Sí mismo digno de recibir lo que estaba reservado únicamente para Dios. En otra ocasión, Jesús estaba recibiendo adoración y la justificó citando un salmo del Antiguo Testamento, diciendo que Dios había preparado tal alabanza para Él[26].

Autoridad sobre los Seres Espirituales Demoníacos[27]

En la ciudad de Capernaúm, Jesús fue confrontado por un hombre con posesión demoníaca. Jesús reprendió al demonio: "¡Cállate! ¡Sal de ese hombre!". Hubo obediencia total. ¿Quién podría tener tal autoridad? No hay muchas posibilidades. Los líderes religiosos judíos se dieron cuenta de esto y en otra ocasión acusaron a Jesús de ser demoníaco y, por lo tanto, echar demonios por Belcebú, el príncipe de los demonios. La otra opción es que Él tiene autoridad porque Él es Dios. La reacción de la gente de Capernaúm fue "¿qué es este mensaje?" o ¿qué nos demuestra acerca de quién es Él? Ellos reconocían que tal autoridad era evidencia de que Él era mucho más que solamente un hombre.

Afirmaciones de Ser Sin Pecado, el Único Camino y Rescate de la Humanidad

El perfil de Jesús que emerge de este viaje de exploración por los registros históricos, a menudo sorprende a los escépticos. Así me ocurrió a mí años atrás, cuando yo dudaba de la veracidad de los relatos bíblicos. Mientras que muchas de las observaciones que he incluido arriba son el resultado de investigación más reciente, el conocimiento limitado que ya tenía hizo que yo volviera a evaluar mi posición en torno a Jesús. Aparte de todo lo demás, Jesús hizo varias afirmaciones, que de ser ciertas, hacen que sea único. Él afirmó ser sin pecado: "¿Quién de ustedes me puede probar que soy culpable de pecado?"[28]. Él dijo que Él era el camino exclusivo a Dios: "Yo soy el camino, la verdad y la vida; nadie viene al Padre sino por Mí"[29]. También afirmó que Su vida tenía tanto valor como para redimir la humanidad a Dios, algo que ningún ser humano puede hacer[30]. En vista de todo esto, no es sorprendente que Jesús causara tal revolución en la vida de Sus discípulos.

UN RESUMEN DE ACCIONES SELECCIONADAS DE JESÚS

1.	**Él demostró tener autoridad para perdonar pecados** Él perdonó las ofensas que sólo Dios podía perdonar, y, quitó las consecuencias temporales y eternas del pecado.	Lucas 5:17-26
2.	**Él demostró tener poder para resucitar a los muertos** Él quebró el yugo bajo el cual la muerte tenía cautiva a la humanidad.	Lucas 7:11-16
3.	**Él demostró tener control sobre la naturaleza** Él dio órdenes y las leyes de la naturaleza obedecieron.	Lucas 8:22-25
4.	**Él aceptó adoración de Sus seguidores** Él aceptó adoración que Él dijo que estaba reservada sólo para Dios (Lucas 4:8).	Mateo 14:33; 28:17
5.	**Él demostró tener dominio sobre los espíritus demoníacos** Él dio órdenes y el mundo de los espíritus obedeció.	Lucas 4:33-36
6.	**Él vivió una vida sin pecado** Nadie pudo acusarlo a Él de pecado.	Juan 8:46
7.	**Su vida era de valor único para Dios** Él ofreció su vida a Dios, como rescate por nuestro perdón.	Juan 14:6 y Marcos 10:45, con Salmos 49:7-9

Gráfico 2.

IDENTIFICANDO LAS OPCIONES LÓGICAS

Es inevitable que todo aquél que esté familiarizado con los datos históricos acerca de Jesús tendrá que enfrentar una decisión en torno suyo. El mismo Jesús le hizo la pregunta crítica a quienes habían visto esta evidencia personalmente, por más de dos años. En un retiro cerca de Cesarea de Filipo, en las faldas del monte Hermón, Jesús le preguntó a los discípulos: "Y ustedes, ¿quién dicen que Yo soy?"[31]. A pesar de distar 2,000 años de nosotros, la pregunta es sumamente relevante. ¿Qué dirás tú? ¿Qué opciones tenemos?

Jesús es una LEYENDA

Esta opinión se popularizó antes del siglo XX y tomó legitimidad inmerecida, sólo porque la evidencia que la refuta todavía no se conocía.

La posición era razonable cuando se pensaba que los registros del Nuevo Testamento fueron escritos a finales del siglo II. Pero su fechado en el siglo I, dentro de la vida de los testigos oculares (tal como lo mencionamos en el capítulo 2), hace que este punto de vista ya no se pueda mantener más.

Jesús es un MENTIROSO

Jesús afirmó ser Dios y todos los que lo oyeron entendieron lo que estaba diciendo. El examen lógico de esta afirmación nos llevaría a tres opciones adicionales acerca de Él. Primero, o bien Él es o bien Él no es quien afirma ser. Las encuestas continúan mostrando que más del 90% de las personas en Estados Unidos creen que hay un Dios o un poder superior. Pero si se les preguntara si Jesús es exclusivamente ese Dios, mucha gente estaría renuente de ir tan lejos. Es común mantener la opinión de que Jesús era solamente un hombre maravilloso, un gran maestro moral. ¿Pero, es ésta una posición lógica en vista de Sus afirmaciones de ser Dios?

Si Jesús afirmó ser Dios y Él no es quien dijo ser, entonces o bien *Él lo sabía* o bien *Él no lo sabía*. Sigue pues que si Él afirmó ser Dios, sabiendo que no lo era, entonces Él es un MENTIROSO. Él mintió acerca de sí mismo, y recibió adoración como si fuera Dios Todopoderoso. Si Jesús es un mentiroso, entonces Él ha engañado a más gente que cualquier otro ser humano, porque el movimiento cristiano que Él empezó es la religión más grande del mundo. Él no podría ser el mentiroso más grande que jamás existió y también ser un gran maestro moral. Además, Él sería un tonto, porque murió por esa mentira. ¿Era Jesús un mentiroso? No, porque Su carácter, manifiesto a través de los relatos históricos, muestran a una persona de virtud e integridad. No, porque sería inconcebible que Jesús hubiera mantenido a un grupo de seguidores comprometidos por varios años, sin que fuera detectado como fraude. No, porque Él fue autenticado por Su resurrección de entre los muertos.

Jesús es un LUNÁTICO

A primera vista, otra opción podría parecer más plausible, esto es, que *Él no sabía* que Él no era Dios. Jesús afirmó ser Dios, pero no lo era, aunque realmente pensó que sí lo era. ¿Podría haber estado engañado Jesús? O. Quintín Hyder, psiquiatra de Nueva York, analizó los registros del comportamiento, personalidad y relaciones interpersonales de Jesús, para detectar síntomas de desórdenes psiquiátricos. Él concluyó su estudio señalando que la evidencia no apoya la opinión de que Jesús fuera lunático. Por el contrario, Él demostró tener cualidades de excelente salud mental.

Jesús Afirmó Ser Dios

```
                Jesús Afirmó Ser Dios
               ↙                    ↘
         Él No Es                   Él Es
    (sus afirmaciones        (sus afirmaciones
       son falsas)              son verdaderas)
       ↙        ↘                    ↓
  Él Lo Sabía  Él No Lo Sabía
       ↓           ↓                 ↓
   Él era un    Él era un         Él es
   MENTIROSO    LUNÁTICO          SEÑOR
                               ↙         ↘
                          Tú puedes    Tú puedes
                          ACEPTARLO    RECHAZARLO
                       a Él personalmente  a Él personalmente
```

Gráfico 3.

Una persona es libre de mantener que Jesús, debido a honesto engaño, afirmó que Él era Dios. Pero, si uno toma esta posición, lo hace sin ninguna evidencia psicológica que lo apoye y, de hecho, lo hace a pesar de considerable evidencia contraria[32].

Jesús es el SEÑOR

Sólo queda una opción. Jesús afirmó ser Dios, y, Él lo es. Él es el SEÑOR. Hay una consideración final que lleva peso tan fuerte que hace que ésta sea la opción mejor apoyada por la evidencia.

La Evidencia Crítica: La Resurrección de Jesús

Jesús prometió muchas veces, durante su ministerio de tres años y medio, que Él resucitaría de lo muertos[33]. En efecto, cuando los judíos le preguntaron qué evidencia daría que le autenticara, Él dijo: "Destruyan este templo y lo levantaré en tres días"[34]. En realidad, Él estaba hablando de su propio cuerpo, es decir, de Su propia resurrección física. Ésta sería la prueba central para determinar si Él era auténtico. Hemos de notar que *todos* los demás fundadores de las religiones mundiales, como Buda y Mahoma, murieron. La gente va a donde están sus tumbas para presentarles respeto. Sin embargo, los cristianos no hacen eso, porque

Jesús no está en una tumba, Él está vivo. Ninguna otra figura religiosa que el hombre haya conocido ha provisto tanta evidencia convincente de que se haya levantado de los muertos. Yo no creo que sea posible imaginar credencial más sólida para autenticar la afirmación de la deidad de Jesús que Su resurrección. Pero, ¿ocurrió realmente? Lord Darling, quien fuera juez supremo de Inglaterra y, obviamente, estaba entrenado para examinar evidencia, quedó satisfecho al comprobar que la resurrección estaba debidamente respaldada:

> El meollo del problema acerca de si Jesús era, o no era, lo que Él mismo proclamó ser, ha de depender ciertamente de la veracidad o falsedad de la resurrección. En éste gran punto no se nos pide que meramente tengamos fe. A su favor como verdad viva, existe tan arrolladora evidencia, positiva y negativa, factual y circunstancial, que ningún jurado inteligente en el mundo podría dejar de emitir el veredicto de que el relato de la resurrección es verdadero[35].

¿Cuál es esta evidencia que ha persuadido por siglos a gente de todo estilo de vida, aún a aquellos cuyas habilidades han sido entrenadas para detectar entre la verdad y el error? Existen tres argumentos principales.

La Tumba de Jesús Estaba Vacía

Aún los discípulos estaban escépticos. Ellos describieron como "tontería" el testimonio de las mujeres que habían visto a Jesús resucitado[36]. Después de todo, había una guardia de 16 soldados romanos y una piedra de tonelada y media con el sello imperial cubriendo la entrada a la tumba. Perturbarla acarreaba la muerte a mano de los guardias o la muerte de los mismos guardias si lo permitían. El cuerpo de Jesús estaba preparado para el entierro como una momia con unos 35 kilos de especias pegajosas dentro de tiras de tela[37]. Las tiras de tela estaban todavía en la tumba; pero el cuerpo ya no estaba ahí[38]. En efecto, Tomás dijo que a menos que viera la evidencia física de las marcas de los clavos en Sus manos, él nunca creería. Jesús se las mostró, y, él creyó[39].

Las autoridades judías, que estaban en la mejor posición de verificar los hechos, nunca trataron de refutar la tumba vacía. Sólo trataron de explicar por qué estaba vacía[40]. El doctor Pablo Maier, historiador en la Universidad del Oeste de Michigan, resume la situación actual:

> En consecuencia, si a toda la evidencia se le considera y sopesa en manera completa y cabal, es enteramente justificable, de acuerdo con los cánones de la investigación histórica, concluir que la

tumba de José de Arimatea, en la cual Jesús fue enterrado, estuvo en realidad vacía en la mañana de la primera Pascua. Y no se ha descubierto aún ni pizca de evidencia en fuentes literarias, o de la epigrafía o de la arqueología, que pueda negar esta afirmación[41].

Jesús Se Apareció Físicamente a Muchas Personas Después de Su Resurrección

Los Evangelios históricos registran 10 apariciones distintas de Jesús durante los 40 días luego de su muerte. Él "se apareció a Cefas [Pedro], y luego a los 12. Después de eso se apareció a más de 500 hermanos a la vez, de los cuales muchos viven aún y otros ya han muerto..."[42]. C. H. Dodd ha comentado que "difícilmente puede haber propósito alguno en mencionar el hecho de que la mayoría de los 500 todavía están vivos, a menos que Pablo esté realmente diciendo: 'Allí están los testigos para que se les pregunte'"[43]. Éstas no fueron alucinaciones porque fueron bastante diversas en cuanto a tiempo, lugar y personalidad de los testigos. Además no hay alucinaciones colectivas de 500 personas, y la expectativa y predisposición psicológica a creer estaban ausentes; los discípulos llegaron a creer en contra de su voluntad. Por otra parte, sus apariciones no fueron ilusiones o fantasías porque Él se paró en medio de ellos y les dijo: "Miren mis manos y mis pies. ¡Soy yo mismo! Tóquenme y vean; un espíritu no tiene ni carne ni huesos, como ven que los tengo yo"[44]. Él también comió con ellos[45].

Sin embargo, es el testimonio de fuentes adversas, lo que es especialmente convincente, Jesús se apareció a su hermano Jacobo, quien lo había rechazado durante Su ministerio público; y, Jacobo se convirtió después en el líder de la Iglesia de Jerusalén que proclamaba la resurrección[46]. El apóstol Pablo dio testimonio de que fue la aparición de Jesús resucitado, cuando aún era Saulo de Tarso, un enemigo y perseguidor de los creyentes, lo que lo convirtió[47].

Las Vidas de los Discípulos Fueron Transformadas

Es un hecho histórico bastante conocido que los discípulos de Jesús lo abandonaron y negaron toda asociación con Él durante Su arresto, juicio y crucifixión[48]. La razón es que temían por sus propias vidas.

Posteriormente, los discípulos tuvieron experiencias reales, que ellos creían que eran literalmente apariciones de Jesús resucitado. Ellos fueron transformados de hombres asustados que se escondían en el aposento alto a testigos audaces de Su resurrección. Incluso, ellos estaban dispuestos a morir por su convicción.

Efectivamente, todos menos uno de los apóstoles que quedaban murieron como mártires y, sin embargo, ninguno negó jamás haber visto a Jesús vivo después de Su muerte, ni siquiera para salvar su propia vida. La gente muere por lo que cree que es verdad, pero nadie muere por lo que sabe que es falso. Gary Habermas, apologista y filósofo, especialista en la resurrección de Cristo, ha llegado a una conclusión importante: "La transformación de los discípulos demuestra que ellos realmente creían que Jesús se levantó de los muertos y refuta la teoría del fraude (cuerpo robado) debido a este cambio y también porque los mentirosos no terminan haciéndose mártires"[49]. El escándalo político de Watergate durante la mitad de la década de los años setenta ilustra este punto. Unos abogados sofisticados, al verse amenazados con pasar algunos años en la cárcel, ni pudieron ni quisieron seguir manteniendo su encubrimiento fraudulento.

> *"No nos equivoquemos: si Él en verdad se levantó fue en Su cuerpo; si la disolución de las células no se revertió, si las moléculas no se volvieron a entrelazar, si los aminoácidos no se reavivaron, la Iglesia se desplomaría...".*
> John Updike, *Siete Estrofas en Pascua*

J.N.D. Anderson, ex director del Instituto Avanzado de Estudios Legales de la Universidad de Londres, dijo acertadamente que la resurrección es "el hecho supremo en la historia o es un engaño gigantesco..."; y, si es verdad, entonces "el no ajustar la vida de uno a lo que esto implica significa una pérdida irreparable"[50].

UN VEREDICTO ALTAMENTE PROBABLE

El lector debe ser el juez de la evidencia. ¿Es acaso razonable considerar a Jesús como un mentiroso, un lunático o, simplemente, como un maestro moral maravilloso? El profesor C.S. Lewis de la Universidad de Oxford no piensa así:

> Yo estoy tratando aquí de prevenir que cualquiera que diga esta cosa realmente tonta que la gente dice de Él: "Estoy dispuesto a aceptar a Jesús como un gran maestro moral, pero no voy a aceptar su afirmación de ser Dios". Esto es precisamente lo que no podemos decir. Un hombre que fue solamente un hombre y dijo las cosas que Jesús dijo no podría ser un gran maestro moral. El podría bien ser un lunático –al mismo nivel de un hombre que

dice que es un huevo frito– o bien podría ser el mismo demonio del infierno. Tú tienes que hacer tu decisión. O bien este hombre fue, y es, el Hijo de Dios; o bien es un loco o algo peor. Puedes hacer que se calle por ser un tonto, le puedes escupir y matarlo como a un demonio o puedes caer a Sus pies y llamarlo Señor y Dios. Pero no vengamos con esta tontería condescendiente acerca de que Él era un gran maestro humano. Él no nos ha dejado abierta tal posibilidad. No era Su propósito[51].

> *"Pero el caso intelectual a favor del cristianismo se convirtió en algo poderoso después de leer* Cristianismo... ¡y nada más!, *de C.S. Lewis. Al terminar la semana yo no podía imaginar cómo uno no podía creer en Jesucristo".*
>
> Charles Colson, presidente de la Confraternidad Carcelaria

Nuestro viaje de exploración a través de los relatos de los Evangelios, a pesar de no ser tan exhaustivo, sí ha examinado una muestra amplia de los datos históricos disponibles. Pienso que tanto como lo puede ser algo que proviene de la Edad Antigua, la evidencia da validez a la afirmación de que Jesús es la encarnación del Dios infinito y personal. El doctor Edwin Yamauchi, académico y arqueólogo distinguido, ha testificado que "la evidencia histórica ha reforzado mi compromiso hacia Jesucristo como el Hijo de Dios, quien nos ama y murió por nosotros y fue levantado de los muertos. Es así de sencillo"[52].

Las consecuencias de esta verdad tienen el potencial de cambiar nuestra perspectiva de la vida significativamente. Los asuntos aquí, más que sólo académicos, son también morales. Tú te ves enfrentado con la decisión de aceptarlo o rechazarlo a Él como Señor. Tienes la libertad de darle la espalda. Pero hay mucho en juego como para tomar el asunto livianamente. Jesús dijo:

"Yo soy la resurrección y la vida. El que cree en Mí vivirá, aunque muera; y todo el que vive y cree en Mí no morirá jamás ¿Crees esto?"[53].

—ENFOQUE Y DISCUSIÓN—

1. ¿Por qué es tan importante para el cristianismo que Jesús sea o no sea Dios? ¿Estás de acuerdo con que si Jesús es o no es realmente Dios, es el asunto más importante para establecer la validez del cristianismo? ¿Por qué sí o por qué no?

2. Los testigos que vieron a Jesús reportaron que Él tenía autoridad sobre los demonios, la muerte, la enfermedad y la naturaleza; y que Él podía perdonar y quitar las consecuencias eternas del pecado. ¿Por qué son estas afirmaciones tan importantes para reconocer su identidad?

3. Basándote en la evidencia de las acciones de Jesús presentadas en este capítulo, ¿podrías pensar tú en otras opciones que se le podrían atribuir a Jesús, además de las que ya hemos mencionado (mentiroso, lunático, Señor)? Si es así, por favor explica tu respuesta.

4. ¿Qué fue lo que hizo que muchos de los contemporáneos de Jesús, y aún muchos escépticos, cambiaran de modo de pensar y pasaran de la incredulidad a creer que Jesús es Dios? (Fíjate en el caso de Tomás: Juan 20:24-28; y de Saulo: Hechos 9:1-20.) Examina el papel de la evidencia y la razón como base de la fe en Jesús.

5. ¿De que manera la información en este capítulo ha hecho impacto en el entendimiento que tenías de Jesús?

CAPÍTULO 4

¿PUEDE SER RAZONABLE LA FE?

Identificando los Principios Bíblicos de la Fe
Descubriendo las Dimensiones de la Fe
que Cambian la Vida

"Mi mayor problema siempre había sido el de la reserva intelectual. Yo sabía que había un Dios, pero yo nunca podía ver cómo podía el hombre tener una relación personal con Él".
Carlos Colson, ex consejero especial
del presidente Richard Nixon.

*"Lo que hacemos con lo que sabemos
es el propósito del conocimiento cristiano".*
Os Guinness, escritor.

Recientemente estuve conversando con una señora cuya convicción y deseo era seguir a Jesús. Nunca olvidaré la razón de su indecisión. Poco tenía que ver con las inquietudes intelectuales sobre el propósito de la vida, la confiabilidad histórica de la Biblia, o la divinidad de Jesús. En estos temas ella estaba satisfecha. En vez de esto, su indecisión era realmente un temor: "Si acepto a Jesús... ¿me convertiré en una tarada?".

Estereotipos Contemporáneos de la Fe

Los malentendidos acerca de la fe religiosa calan hondo en nuestra sociedad. Un maestro de los primeros años de la escuela secundaria le preguntó a uno de sus jóvenes estudiantes: "¿Qué piensas que es la fe?" De inmediato vino la respuesta: "¡Es creer en lo que sabes que no es verdad!". Cuando se le hizo la misma pregunta a un estudiante universitario, él dijo que la "fe es creer en lo que no puedes saber".

Ésta no es una idea poco común acerca de la fe (como si la fe fuera una manera de segunda o tercera categoría de andar por la vida). Se asume que el conocimiento, es decir la apropiación intelectual, es la mejor manera. Si uno no puede saber, lo siguiente mejor es tan sólo creer a como dé lugar. La inferencia es que tal posición es precaria en el mejor de los casos, si es que no es enteramente tonta (ser "un tarado").

A veces la gente religiosa se ha ganado etiquetas como "antiintelectuales" o "aquellos tan débiles que necesitan muletas". Un grupo religioso en Arkansas llegó a ser noticia nacional cuando su supuesta fe los llevó a tener problemas con la ley. Afirmando haber recibido una visión de Jesucristo anunciando que regresaría a la Tierra muy pronto, renunciaron a sus trabajos por fe, mantuvieron a sus hijos alejados de la escuela, y se echaron pacientemente a esperar. Eventualmente, perdieron sus casas porque no pudieron pagar la hipoteca. Los funcionarios estatales tuvieron que llevar a sus hijos a hogares adoptivos y enviarlos nuevamente a la escuela. Estos padres de familia presentaron una caricatura de lo que es la fe en los noticieros de la noche que llegan a todos los hogares de los Estados Unidos.

Más recientemente, las noticias nacionales reportaron un juicio en el cual los padres estaban siendo procesados por la muerte de su hija. ¿De qué crimen eran supuestamente culpables? Ellos afirmaban tener "fe" en que Dios iba a sanar a su hija. Por lo tanto, rehusaron darle cualquier cuidado médico. Ella murió.

¿Puede ser razonable la fe? Muchas de las impresiones negativas de la fe se generan en nosotros por lo que vemos en otras personas, tal como los abusos sexuales de ciertos clérigos publicitados tan ampliamente. Pero tales impresiones también pueden ser generadas por el vecino excéntrico de al lado, la devota pero extraña tía, etc. Es interesante señalar que ninguno de estos estereotipos se deriva de un estudio cuidadoso de la Biblia misma. No queremos un concepto de lo que es fe que venga del mal ejemplo de otra persona. En vez de esto, debemos de procurar conocer el significado de la fe directamente desde la fuente. Es por esto que estudiaremos la Biblia para identificar los principios de la fe. Sólo así podremos saber si se supone que la fe sea razonable.

IDENTIFICANDO LOS PRINCIPIOS BÍBLICOS DE LA FE

Los Componentes Esenciales

Algunas veces hay confusión en torno a la palabra "fe". Recientemente les pedí a algunas personas que identifiquen las diferencias entre las palabras "fe" y "creer". Muchos explicaron las diferencias con gran seguridad. Sin embargo, el hecho es que en la Biblia, "fe" es el sustantivo y "creer" es la forma verbal de la misma palabra griega. Son intercambiables, como se ilustra en el conocido versículo Juan 3:16: "De tal manera amó Dios al mundo, que ha dado a su Hijo unigénito, para que todo aquel que en Él cree [tiene fe] no se pierda, sino que tenga vida eterna". Nótese que no hay diferencia en el significado, si es que las palabras entre corchetes son usadas en vez de la palabra "cree". "Confiar" es un sinónimo cercano que también puede ser usado.

1. Conocimiento

El estudiante universitario que dijo que la "fe es creer en lo que no puedes saber" hubiera tenido una impresión diferente si sustituyera "confianza" por "fe". Déjame ilustrarlo. Si yo le pregunto: "¿Confías en fulano?", nombrando a una persona que él no conoce. De seguro me respondería: "¡Cómo puedo confiar en él si ni siquiera lo conozco!". "Pero", le recordaría al estudiante, "¿no decías tú que la 'fe es creer (confiar) en lo que no puedes saber'? Ahora me dices que tú no puedes confiar (tener fe) en alguien que no conoces. ¡Vaya! ¿Cuál de tus afirmaciones es la correcta?".

El apóstol Pablo no deja lugar a duda sobre cuál piensa él que es la correcta. Escribiéndoles a los cristianos en Roma, él les transmite una secuencia interesante y lógica[1].

| Debemos **invocar** al Señor para ser salvos | ▶ | Para invocarle debemos **creer** en Él | ▶ | Para creer debemos **oír** acerca de Él | ▶ | Para oír debemos tener a alguien que nos **hable** de Él | ▶ | Para que hablen ellos deben ser **enviados** |

El apóstol luego resume su enseñanza acerca de la fe: "Por lo tanto, la fe viene de oír el mensaje y el mensaje se escucha a través de la Palabra de Cristo". En otras palabras, "el creer, vean ustedes, sólo puede venir de oír el mensaje, y el mensaje es la Palabra [concerniente] a Cristo"[2]. De acuerdo con el apóstol, la fe no puede ni siquiera empezar sin conocimiento. Yo no creo en "nada"; yo creo en "algo". En otras palabras, la fe requiere de un objeto.

La fe no es lo mismo que la sinceridad, ni la sinceridad hace que la fe sea genuina. Supongamos que me preguntan si yo creo que una silla puede sostenerme. Ya que hay otras personas sentadas en sillas similares, y ya que la silla se ve perfectamente normal, yo confío en que sí puede. Estando un tanto impaciente con más cuestionamientos sobre el asunto, yo exclamo enfáticamente: "¡No me cabe duda en la mente de que esta silla puede sostenerme!". Sin embargo, si alguien hubiera venido más temprano y hubiera cortado las patas, de tal manera que la silla se cayera al más leve toque, ni mi confianza ni mi sinceridad servirían para nada. Mi fe es tan buena sólo como el objeto en el que la deposito. Si la silla es buena, mi fe será buena. Pero si mi silla es mala, no importa cuán sincero sea yo, yo me voy a desplomar y mi fe será inútil.

Los medios de comunicación reportaron un incidente trágico en un hospital local. Una enfermera conectó un paciente a un tanque de "oxígeno", y el paciente se murió inmediatamente. La etiqueta del tanque estaba equivocada. Se trataba de gas venenoso. ¿Era sincera y competente la enfermera? ¿Creía ella que el tanque contenía oxígeno? Sí, definitivamente. Pero ella estaba sinceramente equivocada. El objeto de su fe era defectuoso, y, por lo tanto, su fe era en vano.

Hemos de entender la importancia del conocimiento para tener una fe válida. El objeto de la fe cristiana es la persona de Jesús. Si Él no es quien Él afirma ser, el Hijo de Dios hecho hombre, entonces ninguna dosis de sinceridad, confianza o experiencia religiosa puede hacer legítima esta fe.

Ésta es precisamente la conclusión del apóstol Pablo a los cristianos en Corinto. Él les escribió que "si Cristo no ha sido levantado [de los muertos], entonces nuestra predicación no sirve para nada, como tampoco la fe de ustedes... la fe de ustedes es ilusoria"[3].

Hay una aplicación importante de esta observación al estudio comparativo de las religiones. Los cristianos no pueden afirmar superioridad sobre otras religiones, sobre la base de que los cristianos son más sinceros o hacen más sacrificios personales para vivir de acuerdo con su fe. Puede que esto no sea cierto. El punto de distinción entre las religiones es el objeto en que confían para su vida y eternidad. La evidencia que demuestra que Jesús es el objeto genuino –El Hijo de Dios– significa (como Él dijo de Sí mismo en Juan 14:

"Ninguna persona inteligente desea sustituir la prudente aceptación de lo demostrable por la fe; pero cuando se me dice que es precisamente la inmunidad de prueba lo que protege la proclamación cristiana de la acusación de ser mitológica, yo contesto que la inmunidad de prueba; no puede 'proteger' nada excepto la inmunidad de prueba, y llamo esta tontería por su propio nombre".

J. S. Bezzant, teólogo inglés

6) que "en ningún otro hay salvación, porque no hay bajo el cielo otro nombre dado a los hombres mediante el cual podamos ser salvos"[4]. La misión cristiana, entonces, no es juzgar la sinceridad, moralidad o cultura de otras religiones, sino sencillamente invitar a la gente que transfiera su confianza (fe) a un objeto diferente y cierto: Jesucristo.

Por eso es que es tan crítico para nosotros saber si el Nuevo Testamento es una fuente auténtica e históricamente fidedigna acerca de Él. Sin el testimonio de testigos oculares no sería objetivamente posible determinar si Jesús era digno de crédito en sus afirmaciones, y, por lo tanto, un objeto digno de fe.

Solamente puedo poner mi fe en Jesús si sé de Él. Solo si este conocimiento indica certeza razonable de su deidad, de algo servirá mi fe en Él. No puedo ni siquiera empezar en el área de la fe personal sin usar mi mente e interactuar con la evidencia. Este primer componente de la fe, tal como lo enseña la Biblia, es ciertamente más atractivo que la caricatura antiintelectual que tenía de la fe cuando era universitario.

2. Voluntad

El famoso caminante de cuerda floja, Blondín, cruzó la extensión de 350 metros de las cataratas del Niágara, 50 metros por encima de aguas furiosas, al menos 21 veces diferentes. En una ocasión el equilibrista realizó la asombrosa hazaña con los ojos vendados y, en otra, la hizo empujando una carretilla, para el asombro de miles de espectadores. Los promotores de estos eventos pidieron voluntarios del público que creyeran que Blondín podía hacerlo otra vez y que estuvieran dispuestos a demostrar su convicción permitiendo que Blondín los llevara sobre su espalda. Aunque muchos profesaron creer que el equilibrista cruzaría el desfiladero con éxito, ninguno estuvo dispuesto a arriesgarse a cruzar con él. Finalmente, su agente estuvo dispuesto a confiar su vida al cuidado de Blondín, y fue llevado al otro lado en forma segura, aferrándose a los hombros del equilibrista.

El conocimiento es una cosa, pero decidirse a comprometer la propia vida a aquel conocimiento es otro asunto. De la misma manera, conocer acerca de Jesús es indispensable para la fe, pero esto es sólo el primer componente. Yo podría conocer las pruebas que apoyan la vida de Jesús exhaustivamente, y no tener fe en lo absoluto. El segundo componente de la fe involucra nuestra voluntad. Esto queda ilustrado nuevamente en la carta de Pablo a los cristianos en Roma.

Sin embargo, no todos los israelitas aceptaron las buenas nuevas. Isaías dice: "Señor, ¿quién ha creído nuestro mensaje?"... Pero pregunto: ¿Acaso no oyeron? ¡Claro que sí!... Pero insisto: ¿Acaso no entendió Israel?... En cambio, con respecto a Israel [Dios] dice: "Todo el día extendí Mis manos a un pueblo desobediente y rebelde"[5].

El pueblo de Israel había desobedecido a Dios. Esto es, a ellos les faltó la fe para confiar en Él. Pablo pregunta por qué fue así. Él pregunta si ellos sabían lo que Dios quería. Si no, la razón de su falta de fe vendría de la falta de conocimiento.

Yo tuve una experiencia similar con mis hijos. Antes de irme a trabajar, les pedí que cortaran el césped. Cuando volví esa tarde noté o que la hierba había crecido de manera sin precedentes en las últimas pocas horas o que ellos no habían hecho lo que yo había pedido. Mi sospecha era fuerte en este último sentido. Fui a ellos y les hice la consabida pregunta, harto conocida por todo padre o madre de familia: "¿Acaso no me oyeron?" ¿Habría pensado yo que en el momento en que les pedía que cortaran el césped falló la física de las ondas de sonido? No, yo estaba bastante seguro que mi voz había llegado a sus oídos, pero les estaba dando el beneficio de la duda con mi pregunta. Resultó que ellos no tenían ningún problema de falta de conocimiento. Ellos tenían un problema "de la voluntad", a ellos no les provocaba cortar el césped.

En el pasaje citado arriba, Pablo utiliza la misma estrategia. Él también concluye que el problema de los israelitas no era causado por falta de conocimiento, sino por desobediencia y obstinación, esto es, un problema de la "voluntad".

Hace varios años mi esposa y yo tuvimos un desacuerdo. Ya no me acuerdo cuál fue el asunto, pero ocurrió un domingo por la tarde. Yo tenía razón y ella estaba equivocada, ¡pero ella no quería admitirlo! Cuando la discusión se estaba poniendo intensa, sonó el timbre. Al abrir la puerta, me saludaron unos buenos amigos que vivían en otra ciudad y que nos estaban visitando porque estaban cerca. ¡La transformación que inmediatamente ocurrió en mi esposa y yo hizo que la metamorfosis de gusano a mariposa quedara pálida en comparación! Al instante nos convertimos en seres simpáticos y agradables. Después de que nuestros amigos se marcharon, reflexioné sobre lo ocurrido. ¿Qué fue lo que nos cambió? ¿El timbre?

Yo no era tan ingenuo. No nos cambió el timbre, nosotros mismos lo hicimos. Mediante acción deliberada, por un acto de mi voluntad, yo cambié. ¿Por qué no cambié antes? Por supuesto que a través de seminarios, libros y mi propia experiencia yo sabía que mi comportamiento obstinado no era el adecuado para mantener la armonía en el matrimonio. La razón por la que no cambié antes que el timbre sonara, ¡era que no quería! Yo estaba ejerciendo mi voluntad. La fe es así. A pesar del conocimiento que hayamos ganado acerca de Jesús, si no ejercemos nuestra voluntad, tendremos toda la fe que vamos a llegar a tener: ninguna. A no ser que nosotros tomemos una decisión acerca de quien es Jesús, no habrá ninguna fe. Una voluntad que dice "Sí" es el segundo componente esencial de la definición bíblica de la fe. Por supuesto que esto es más atractivo que la caricatura de la fe como mera emoción que yo había rechazado años antes.

3. Respuesta

La fe es conocer la verdad acerca de Jesús y estar dispuesto a aceptarlo a Él. Pero una de las parábolas de Jesús identifica otro factor en la fe: La fe no es lo mismo que las buenas intenciones.

"¿Qué les parece?— continuó Jesús— Había un hombre que yo tenía dos hijos. Se dirigió al primero y le pidió: 'Hijo, ve a trabajar hoy en el viñedo'. 'No quiero', contestó, pero después se arrepintió y fue. Luego el padre se dirigió al otro hijo y le pidió lo mismo. Éste contestó: 'Sí, señor'; pero no fue. '¿Cuál de los dos hizo lo que su padre quería?' 'El primero', contestaron ellos. Jesús les dijo: "les aseguro que los recaudadores de impuestos y las prostitutas van delante de ustedes hacia el reino de Dios. Porque Juan fue enviado a ustedes a señalarles el camino de la justicia, y no le creyeron, pero los recaudadores de impuestos y las prostitutas sí le creyeron. E incluso, después de ver esto, ustedes no se arrepintieron para creerle"[6].

Lo que Jesús quizo dar a entender es que la fe se comprueba por la acción. Si no hay respuesta que venga de la voluntad y el conocimiento, entonces, tampoco hay fe. En otras palabras, según lo que enseña la Biblia, para ser calificada como legítima, la fe debe tener todos los tres componentes: conocimiento, voluntad y respuesta. Con frecuencia, hablo con personas que piensan abandonar cualquier búsqueda adicional de la verdad cuando ya están satisfechas intelectualmente y ya no están más predispuestas negativamente en contra de ella. Ellos quieren zafarse en aquel punto sin tener que generar una respuesta. Pero es necesario que haya un compromiso hacia esta verdad en mi vida. Santiago, el

La Fe Es...

1 Saber de Jesucristo

2 Decisión de Aceptarle

3 Respuesta de Seguirle

Gráfico 2.

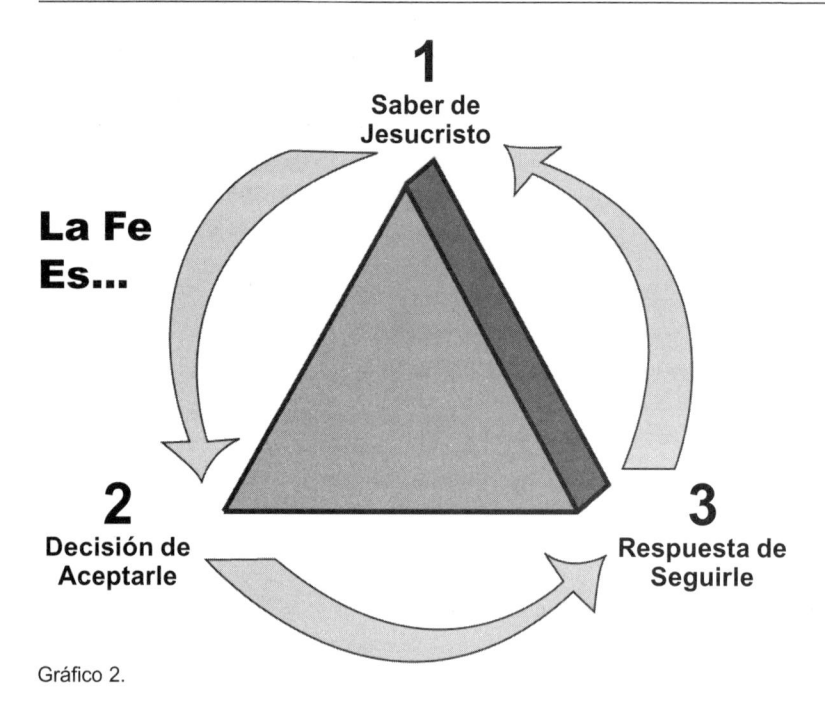

hermano de Jesús, muestra su interés por este tercer componente de la fe cuando dice que "la fe por sí sola, si no tiene obras, está muerta"[7].

Podemos usar las tres esquinas de un triángulo (ver gráfico 2) para representar los tres componentes esenciales de la fe bíblica. Según este diagrama, la fe es recorrer el triángulo. Mediante una parábola Jesús señaló que sólo hay dos tipos de personas; esto es, los que recorren el triángulo y los que no. Las consecuencias en sus vidas son abismalmente diferentes:

> "¿Por qué me llaman ustedes 'Señor, Señor', y no hacen lo que les digo? Voy a decirles a quién se parece todo el que viene a mí, y *oye mis palabras y las pone en práctica:* Se parece a un hombre que, al construir una casa, cavó bien hondo y puso el cimiento sobre la roca. De manera que cuando vino una inundación, el torrente azotó aquella casa, pero no pudo ni siquiera hacerla tambalear porque estaba bien construida. Pero el que *oye mis palabras y no las pone en práctica* se parece a un hombre que construyó una casa sobre tierra y sin cimientos. Tan pronto como la azotó el torrente, la casa se derrumbó, y el desastre fue terrible" [énfasis añadido][8].

Se cuenta la historia de un pescador con una reputación envidiable: él siempre atrapaba una gran cantidad de peces. Pero siempre pescaba solo. Un anciano caballero que vino de una ciudad lejana, le rogaba al pescador que le enseñara el deporte, aduciendo que quería aprender a pescar como pasatiempo para su jubilación. Él se rehusó en varias ocasiones pero la persistente obstinación del jubilado finalmente lo doblegó. En el lago, el anciano se mostró sorprendido de que el gran pescador llevara sólo una cajita metálica y una red por todo equipo de pesca. Al llegar a un remoto rincón del lago y dejando el motor encendido, el pescador abrió la cajita, sacó algunos cartuchos de dinamita, los encendió, los arrojó por la borda y alejó al bote de la escena velozmente. Después de la explosión, dio vueltas alrededor y comenzó atrapar todos los peces que habían sido atontados. El jubilado había visto este método de pesca bastantes veces. Sacó del bolsillo su credencial de guardabosque y se la empujó en las narices al pescador. Ni corto ni perezoso, el pescador sacó de inmediato más dinamita, la encendió y la puso en la mano del guardabosque diciéndole: "¡Oiga! ¿Ha venido a pescar o se va a quedar ahí sentadito?".

La fe es así. He escuchado a mucha gente lamentarse que ellos no tienen la fe de otra persona. Pero a menudo tienen exactamente la medida de fe que ellos estén dispuestos a tener. Aún no han respondido al conocimiento que ya tienen acerca de Jesús.

Definiciones

Es por lo general provechoso intentar arribar a una definición del tema de estudio para facilitar la comunicación. Raras veces, sin embargo, he encontrado una definición de la fe. Es más fácil ilustrar la fe que definirla, pero he creado dos definiciones que me han ayudado bastante.

Un Compromiso de la Cabeza a los Pies

La primera es un tanto doméstica y proviene de una breve lección de anatomía. (¡Siempre asumo que la biología era la materia preferida de todos en la escuela!). Si nos pidieran que hagamos un paralelo de las partes anatómicas correspondientes a las tres esquinas del triángulo de la fe, probablemente, responderíamos que la cabeza equivale al conocimiento, el corazón a la voluntad y los pies a la respuesta. Por consiguiente, podemos definir la fe como el "asumir un compromiso con Dios de la cabeza a los pies". ¡Por lo menos es simple! Pero de haber conocido tal definición cuando yo cuestionaba todo en la universidad, hubiera tenido o que negar que era verdadera o replantear mis caricaturas.

Yo nunca me hubiera imaginado que la fe que comienza con la cabeza, esto es, con la razón, las pruebas y el conocimiento. Esta definición afirma que una vez que la mente está satisfecha, el proceso (hablando en sentido figurado) se mueve hacia el corazón, en donde la voluntad debe actuar recíprocamente con los datos acerca de Jesús. Me imaginaba que la gente de fe era gente sin cerebro que actuaba solamente basándose en emociones. Finalmente, esta definición, otra vez en sentido figurado, mueve el proceso a los pies o hacia el lugar donde se articulan las respuestas para la vida. La persona entera está satisfecha, y queda establecida una nueva alineación u orientación hacia Jesús.

Un Proceso de ir Asumiendo Compromisos

La segunda definición es más descriptiva: La fe es un proceso de ir asumiendo compromisos, basándose en la Palabra de Dios, sin hacer caso de cuestionamiento emocional alguno acerca de aquella Palabra.

...Un Proceso de ir Asumiendo Compromisos.

Encuentro provechoso aplicar la definición a los preparativos de abrir un nuevo negocio, un restaurante de comida rápida. Yo debo comenzar con algunos estudios de mercado sobre las comidas preferidas en el vecindario, el número de establecimientos de la competencia en funcionamiento, la disponibilidad de una ubicación adecuada, etc. Reunir esta información crítica equivale al componente del "conocimiento" del triángulo de la fe. Pero todavía no tengo un restaurante, aunque tenga la investigación de mercado más completa que jamás se haya hecho. Tarde o temprano mi interacción con la información debe generar la decisión de construir o no. Aún si mi decisión es afirmativa, todavía no tengo un negocio. El conocimiento y la decisión deben ser seguidas por acciones específicas: levantar el edificio, la selección de proveedores, la contratación de personal, y, una gama de otras respuestas consistentes con los dos componentes anteriores. El proceso de ir asumiendo los compromisos que acabo de describir es similar a recorrer el triángulo de la fe. Yo estudio a la persona de Jesús, hago una confesión de fe acerca de Él y, luego, lo sigo a Él en obediencia.

> "El infierno es el gran elogio de Dios a la realidad de la libertad humana y la dignidad de la elección humana".
> G. K. Chesterton, escritor británico

...Basándose en la Palabra de Dios.

Sin embargo, la definición no se detiene ahí. Presenta dos condiciones para dirigir el proceso de ir asumiendo compromisos. Primero, la fuente ha de ser la Palabra de Dios, cuya fiabilidad ya hemos analizado en el capítulo 2. Esto también incluye las pruebas sobre Jesús que hemos presentado en el capítulo 3. Finalmente, en tanto que la Palabra de Dios puede ser vista como la verdad de Dios, aún podríamos incluir la evidencia en el mundo natural como el orden y el diseño. Esto es definitivamente superior a la ignorancia, el prejuicio y el engaño que habían dado forma a mis creencias más tempranas.

...Sin Hacer Caso de Cuestionamiento Emocional Alguno acerca de Aquella Palabra.

La segunda condición reconoce la emoción humana como una realidad, pero niega que deba moldear el proceso de ir asumiendo compromisos de fe. Las emociones no van siempre de acuerdo con lo que está bien; siendo los celos, la lujuria, la depresión y la inseguridad ejemplos obvios. Además, un compromiso de fe de seguir a Jesús puede ir en contra de emociones relacionadas con la presión social, la popularidad y el orgullo. Por lo tanto, es mejor reconocer que las emociones añaden la profundidad de la experiencia de la persona entera, pero dentro del contexto definido por la enseñanza bíblica.

Un Ejemplo Fundamental: Abraham

Un incidente en la vida del patriarca del Antiguo Testamento, Abraham, nos ayudará a ilustrar esta definición de la fe. Isaac era el hijo nacido por milagro a Abraham y Sara, cuando ellos eran ya muy viejos. Dios prometió darles a través de este niño descendientes tan numerosos "como las estrellas del cielo" y "como la arena que está sobre la orilla de mar" y que a través de él "todas las naciones del mundo serán bendecidas"[9]. Isaac, su único hijo y el sujeto de tan maravillosas promesas, nacido tan tarde en las vidas de sus padres, les era muy querido a Abraham y Sara.

Entonces vino el día cuando Dios probó la fe de Abraham: "Toma a tu hijo, el único que tienes y a quien tanto amas, Isaac, y vé a la tierra de Moriah. Una vez allí, ofrécelo como holocausto en el monte que yo te indicaré"[10]. Sólo pensarlo es repulsivo, pero este acontecimiento prefiguró otro que sería el acontecimiento más importante en la historia de la raza humana.

Yo podría pensar en muchas razones para despertarme tarde al día siguiente de un mensaje así. Pero Abraham se levantó temprano para ir… ¿se sentiría bien al hacerlo? Definitivamente que no, sino que decidió (voluntad) ser obediente (respuesta) a la Palabra de Dios que él había

MONTE DEL TEMPLO EN JERUSALÉN
Al Monte del Templo en Jerusalén (a la izquierda del centro, rodeado por la muralla) se le identifica con el antiguo monte Moriah en el relato de Abraham e Isaac, registrado en el Génesis.

recibido (conocimiento). El cuestionamiento emocional que sin duda lo asedió, de ninguna manera determinó su respuesta. Pero sí tuvo lucha. ¿Cómo podría Dios cumplir las muchas promesas que Él había hecho acerca de Isaac si él muere? Abraham sabía que Dios es justo y no puede ser infiel. Para cuando Abraham llegó al lugar del sacrificio, tres días más tarde, ya había resuelto la duda en su mente: "Abraham pensaba que Dios tiene poder hasta para resucitar a los muertos"[11].

Al llegar el momento de preparar el altar en la montaña, Isaac hizo la pregunta pertinente: "¿Dónde está el cordero para el holocausto?". Contra toda esperanza, Abraham creyó y esperó cuando dijo: "Dios mismo proveerá el cordero para el holocausto, hijo mío". Pero fue Isaac quien terminó sobre el altar. No fue hasta que Abraham levantó el cuchillo para matar a su hijo que Dios gritó: "No pongas tu mano sobre el muchacho... Ahora sé que temes a Dios, porque ni siquiera te has negado a darme a tu único hijo". ¡Estoy seguro de que Abraham no se puso a discutir con Dios a ver si no quería cambiar de opinión en cuanto a lo de Isaac! Rebosante de alegría de que su hijo pudiera vivir, Abraham aceptó al sustituto para el sacrificio que, por cierto, Dios había proporcionado, un carnero atrapado por los cuernos en un matorral. Dios verdaderamente *proporcionó* el cordero para el sacrificio, tal como Abraham le había dicho a Isaac. Abraham estaba tan agradecido que adoró a Dios usando el nombre, *Jehová-Jireh*, que en hebreo quiere decir "el Señor que provee". Todo esto ocurrió en un monte llamado Moriah, que en hebreo quiere decir "el lugar de la Provisión". Combinando ambos elementos tenemos: "el Señor que provee en este lugar".

Es natural que enfoquemos nuestra atención en los elementos intensamente humanos de este suceso, y, dejemos de reconocer su importancia más trascendental. La mayoría pensaría que lo ocurrido no tiene ninguna importancia para nuestras vidas hoy, pero esto es un descuido serio. Ahora se sabe que la "tierra de Moriah", donde este acontecimiento ocurrió alrededor del años 2,000 a.c., es el área de Judea alrededor de Jerusalén. De hecho, la colina sobre la cual se construyó más tarde el templo de los judíos se le conoce como el monte Moriah[12]. Ésta es la misma colina a la que Abraham 2,000 años antes se había referido como "el lugar de la provisión", y es en donde los judíos en los días de Jesús sacrificaban muchos corderos para la expiación de sus pecados, de acuerdo con la ley de Moisés. Al comenzar el ministerio público de Jesús, Juan el Bautista lo presentó como "¡el Cordero de Dios, que se lleva el pecado del mundo!"[13]. Fue en este templo que Dios ofreció a Su único Hijo Jesús para que muera a fin de que muchos hijos de Abraham pudieran vivir. Esto son "los que son de la fe de Abraham". El cordero que Dios proveyó para librar físicamente la vida del hijo de Abraham, presagió al Cordero (Jesús) que Dios proveería 2,000 años más tarde en la misma ladera para que los descendientes de Abraham por la fe pudiéramos vivir espiritualmente y para siempre. ¡Vaya que el Señor sí proveyó para nosotros en aquel lugar!

Así fue con Abraham: "Le creyó a Dios, y esto se le tomó en cuenta como justicia". Por lo tanto, sepan que los descendientes de Abraham son aquellos que viven por la fe. En efecto, la Escritura, habiendo previsto que Dios justificaría por la fe a las naciones, anunció de antemano el Evangelio a Abraham: "Por medio de ti serán bendecidas todas las naciones". Así que los que viven por la fe son bendecidos junto con Abraham, el hombre de fe[14]. Por lo tanto, la promesa viene... por la gracia... para nosotros, quienes creemos en Él quien levantó a Jesús nuestro Señor de los muertos. Él fue entregado a la muerte por nuestros pecados y fue levantado a la vida para nuestra justificación[15].

Es difícil de imaginarse que esto sea pura coincidencia. La "semilla" [en singular] de Abraham, esto es, Jesucristo, ha hecho posible que haya descendientes espirituales de Abraham por todo el mundo, cuyo número es como las estrellas y los granos de arena, y que son una bendición a cada nación sobre la Tierra, incluyendo a los gentiles (no judíos). Si confiamos en Jesús como nuestro Salvador y Señor, entonces, somos de aquellos descendientes de Abraham a través de nuestra fe, "las estrellas" y "los granos de arena" que Dios le prometió a Abraham hace aproximadamente 4,000 años.

DESCUBRIENDO LAS DIMENSIONES DE LA FE QUE CAMBIAN LA VIDA

Aún si yo hubiera sabido de los tres componentes y las definiciones de la fe (los principios bíblicos), durante mi búsqueda de respuestas cuando era joven, pienso que no habría respondido. Me hubiera ayudado, eso sí, a quitar algo de la imprecisión del concepto que estaba en mi mente. Pero, había todavía una pregunta grande acerca de la fe que me molestaba mucho: yo no estaba seguro si podría mantenerme firme. En aquel tiempo, yo consideraba que los cristianos eran seres que seguían un código de prohibiciones y reglas de conducta. Yo despreciaba a los hipócritas, y, definitivamente, no quería ser uno de ellos. Más tarde entendí que mi preocupación se derivaba de mi entendimiento, gravemente equivocado, de cómo alguien llega a ser en cristiano.

Una Nueva Relación:
El REGALO de la Presencia de Dios

Yo veía la fe como una empresa human: el escoger una serie de pautas espirituales a seguir. El enfoque estaba en cuán bien podría yo ajustar mi vida a las reglas. Llegó el día cuando descubrí que la fe era una relación... con Dios. Desde ese día mi estudio y experiencia han confirmado aquella verdad. Lo que sigue es la manera en que yo explicaría hoy las dimensiones de la fe que cambian vida.

Jesús dirigió su atención a este asunto en la fiesta otoñal de los Tabernáculos en Jerusalén:

> En el último día, el más solemne de la fiesta, Jesús se puso de pie y exclamó: "¡Si alguno tiene sed, que venga a Mí y beba!". De aquél que cree en Mí, como dice la Escritura, brotarán ríos de agua viva. Con esto se refería al Espíritu que habrían de recibir más tarde los que creyeran en él"[16].

Es obvio que Jesús se estaba refiriendo a algo sobrenatural: el Espíritu de Dios dentro de una persona. ¿Cómo podría ser esto? Las presuposiciones naturalistas de mi entrenamiento científico habían hecho que yo viera tal idea con incredulidad. Pero no hay ningún error en esta enseñanza. En la víspera de Su crucifixión, Jesús les dijo a Sus discípulos que después de que Él ascendiera, ellos recibirían a otro Consejero, el Espíritu de verdad, que "estará en ustedes"[17]. El apóstol Pablo afirma esto también: "¿Acaso no saben que su cuerpo es templo del Espíritu Santo, quien está en ustedes, al que han recibido de parte de Dios?"[18].

¿Cómo y cuándo ocurre esto? Pablo lo explica en su carta a los creyentes en Éfeso: "En Él también ustedes, cuando oyeron el mensaje de la verdad, el Evangelio que les trajo la salvación, y lo creyeron, fueron marcados con el sello que es el Espíritu Santo prometido. Éste garantiza nuestra herencia..."[19]. "El sello" es una señal de autenticidad de que el creyente es realmente un miembro de la familia de Dios. "El depósito" es un anticipo o señal de lo que ha de venir, dando testimonio de que Dios nunca abandonará a Sus discípulos en esta vida; y, que cumplirá Su promesa de darles vida eterna después de la muerte.

Esto añade una dimensión de relación personal al triángulo de la fe. Cuando recorremos el triángulo, confiando así en Jesucristo como el objeto de nuestra fe, recibimos a la persona divina del Espíritu Santo que viene a vivir dentro de nosotros. La enseñanza de que la fe cristiana es mucho más que un código moral por el cual vivir es indispensable para la comprensión de su naturaleza dinámica.

Es por esto que Jesús fue tan directo cuando habló con Nicodemo, un representante del extremadamente religioso partido farisaico[20]. Nicodemo vivía según una ética alta; era un hombre moral. Pero Jesús le dijo que él no iba a ir al cielo ("entrar en el reino") sólo por eso. Más bien, él tenía que ser "nacido del Espíritu". Literalmente, la expresión "nacido de nuevo" quiere decir haber recibido vida nueva desde arriba. Muchas personas con quienes hablo piensan que ellos irán al cielo porque han arreglado sus vidas o porque son rebuenos. Piensan que ya la hicieron si se esfuerzan bastante. Pero esto no es así. Jesús dijo que nos convertimos en cristianos cuando Dios hace un milagro de concepción espiritual dentro de nosotros, mientras respondemos en fe hacia Él. El resultado

> "No se trata de una mera aceptación de ciertas creencias y dogmas, aunque son necesarios; pero, es esencialmente el vivir en compañerismo cercano con Cristo. No es sólo una religión para ser practicada, sino una vida para ser vivida".
> Obispo John A. Subhan (convertido del Islam)

es una fe por la cual experimentamos el regalo de la presencia de Dios que nos va cambiando desde adentro en vez de ser uno quien ejerce el control mediante un código externo de mandamientos y prohibiciones.

Una Nueva Libertad: El REGALO de la Gracia de Dios

Así pues, cuando era joven, yo había malentendido por completo la naturaleza de la fe cristiana. Ahora sé que no es tanto una religión como una relación. El reflexionar un poco acerca de Jesús nos ayudará a ver por qué. Los cristianos no se conciben a sí mismos como personas que siguen las *enseñanzas* de Jesús, sino a Jesús *mismo*. La razón es simple: Jesús está vivo. Tú puedes encontrar a discípulos de Mahoma o Gandhi, pero sólo en el sentido de que ellos tratan de vivir según las enseñanzas que estos líderes dejaron. Mahoma y Gandhi están muertos. Sus seguidores no pueden tener una relación personal con ellos. Por el contrario, la fe de un cristiano o una cristiana es una relación con la persona de Jesucristo, quien está vivo en gran manera, y a quien él o ella espera ver cara a cara definitivamente.

Esta manera de entender la fe ayuda a borrar un malentendido frecuente, esto es, como obtener y mantener la fe. Algunos podrían entender que yo estoy diciendo que la fe es, primero, ejercitar la voluntad de uno para aceptar a Jesús; y, segundo, ejercer un poco de disciplina para ordenar la vida de acuerdo con Sus enseñanzas. Esto es lo que piensa la gente que no se ha fijado seriamente en lo que Jesús dice. Su ejemplo y sus enseñanzas son implacables: ¡"…amen a sus enemigos…"; "…cualquiera que mira a una mujer y la codicia ya ha cometido adulterio en el corazón"; "…cualquiera de ustedes que no renuncie a todos sus bienes, no puede ser mi discípulo…"; "…perdónense el uno al otro 'setenta veces siete'…"; "…ustedes deben ser perfectos…"!

Después de algunas semanas o meses de pasárselas con los puños y dientes apretados en firme determinación, toda persona se encontrará exasperada tratando de ajustarse a estos estándares. Bertrand Russell, matemático y filósofo británico, dijo una vez: "el principio cristiano 'ama a tus enemigos' está bien… pero es demasiado difícil para la mayor parte de nosotros…" [21]. Intentar vivir como Jesús no es solamente difícil, es imposible. Hasta que nosotros no nos sintamos sacudidos por la experiencia de nuestra propia ineptitud moral, no apreciaremos la necesidad del regalo de la gracia de Dios en nuestras vidas. También nos resistiremos al análisis que Jesús hace de nuestra condición.

Él [Jesús] continuó: "Lo que sale de la persona es lo que la contamina. Porque de adentro, del corazón humano, salen los malos pensamientos, la inmoralidad sexual, los robos, los homicidios, los adulterios, la avaricia, la maldad, el engaño, el libertinaje, la envidia, la calumnia, la arrogancia y la necedad. Todos esto males vienen de adentro y contaminan a la persona"[22].

En la intimidad de nuestra propia mente y corazón, todos sabemos que lo que Él dijo es verdad. Como el escritor británico G. K. Chesterton dijo, "la doctrina del cristianismo que de veras es empíricamente comprobable es la de la depravación del hombre"[23]. Unos pueden negar esto, pero nuestra experiencia de tratar realmente de ser buenos sólo sirve para hacernos recordar la necesidad de la gracia, esto es, del favor inmerecido. El apóstol Pablo lo explica así: "Porque por gracia ustedes han sido salvados mediante la fe; esto no procede de ustedes, sino que es un regalo de Dios, no por obras, para que nadie se jacte"[24]. La gracia es necesaria porque somos moralmente inadecuados ante un Dios santo: "No hay justo, ni siquiera uno... nadie que busque a Dios"[25]. De hecho, si tienes interés en Dios y eres atraído a la fe, no es de tu propio obrar, ya que Jesús dijo: "Nadie puede venir a mí si no lo atrae el Padre que me envió"[26]. Hay un pasaje bíblico que resume todo esto claramente:

> Pero cuando se manifestaron la bondad y el amor de Dios nuestro Salvador, Él nos salvó, no por nuestras propias obras de justicia sino por su misericordia. Nos salvó mediante el lavamiento de la regeneración y de la renovación por el Espíritu Santo... así lo hizo para que, justificados por Su gracia, llegáramos a ser herederos que abrigan la esperanza de recibir la vida eterna[27].

En vista de estas dimensiones que transforman la vida, las tres esquinas del triángulo ya no son suficientes para representar la fe. Los componentes están bien, pero nos falta el deseo y el poder de hacerlo. ¿Pero qué si el mismo Espíritu Santo se coloca en el centro para crear una dimensión sobrenatural? Porque aún para que nosotros seamos receptivos a la evidencia, acerca de la Biblia y de Jesús, se requiere de persuasión del Espíritu Santo. El teólogo del siglo XX J. Gresham Machen describió el proceso: "Lo que el Espíritu Santo no hace en el nuevo nacimiento es hacer que un hombre se vuelva cristiano a pesar de la evidencia; sino que, al contrario, quita la niebla de sus ojos y le permite prestar atención a las pruebas"[28]. Si, animados por Él, respondemos y aceptamos el regalo de la salvación por la fe en Jesucristo, el Espíritu Santo toma residencia dentro de nosotros permanentemente. Él transforma nuestra naturaleza caída y deseos desde adentro y nos da el poder de recorrer el triángulo. Como Pablo dice: "Dios es quien produce en ustedes tanto el querer como el hacer para que se cumpla su buena voluntad"[29].

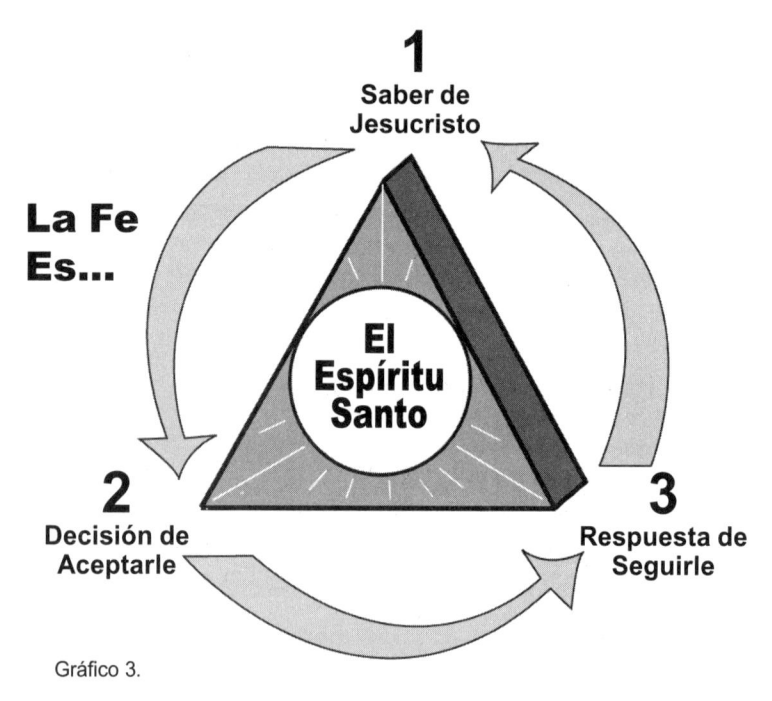

La Fe Es...

1 Saber de Jesucristo

El Espíritu Santo

2 Decisión de Aceptarle

3 Respuesta de Seguirle

Gráfico 3.

Una Nueva Esperanza: El REGALO del Cielo de Dios

La fe cristiana promete una nueva relación con el Dios que está realmente allí. También promete una nueva libertad de la necesidad de ser lo suficientemente buenos para ganar la aprobación de Dios. Su gracia significa perdón y un nuevo poder y gozo en la vida. Pero, todavía queda un error preconcebido acerca de la fe.

Crecí pensando que nadie en esta vida podría alguna vez saber si realmente Dios lo había aprobado. Ésto era un juicio que Dios sólo podría hacer después de que uno muera y las obras buenas y malas hayan sido cotejadas. Por lo tanto, yo tenía que esforzarme tanto como pudiera y esperar que ocurriera lo mejor.

A estas alturas debería ser evidente que esta noción es inconsistente con los principios bíblicos de la fe. ¿Cómo puede el destino de alguien ser incierto si el objeto de la fe, Jesucristo, es cierto, sólido y seguro? ¿Cómo pueden nuestras obras ser el factor decisivo si es que nuestra relación con Dios es un asunto de gracia? El apóstol Juan aclara la cuestión:

> Dios nos ha dado vida eterna; y, esa vida está en Su Hijo. El que tiene al Hijo tiene la vida; él que no tiene al Hijo de Dios, no tiene la vida. Les escribo estas cosas a ustedes, que creen en el nombre del Hijo de Dios, para que sepan que tienen vida eterna[30].

Es claro que Dios ya ha revelado la razón por la cual podemos saber quien irá al Cielo. En uno de los pasajes más conocidos de la Biblia, Él dijo que todo el que cree en Jesús no perecerá para siempre, sino que tiene vida eterna[31]. El apóstol Pablo dijo que el regalo de Dios es "vida eterna en Cristo Jesús nuestro Señor"[32]. Podemos saber ahora mismo que hay vida después de la muerte, y, que lo pasaremos por siempre en el Cielo con Dios.

Poniendo a Prueba las Afirmaciones Subjetivas

La comprobación que hicimos de la afirmación de que Jesús es Dios y de la veracidad de la fe cristiana comenzó por ver solamente la evidencia objetiva de la ciencia y la historia. Se hace ahora obvio que también hay algunos elementos subjetivos y empíricos muy importantes. A veces me dicen que estos aspectos subjetivos y anecdóticos realmente no demuestran nada. Josh McDowell contesta este desafío con una ilustración.

Por ejemplo, digamos que un joven entra al salón y anuncia: "Amigos, tengo un tomate guisado en mi zapato derecho. Este tomatito ha cambiado mi vida. Me ha dado una paz, un amor y una alegría que nunca antes experimenté...". Es difícil discutir con un joven así, si es que su vida corrobora lo que él dice... Un testimonio personal es a menudo un argumento subjetivo a favor de la realidad de algo... Hay dos preguntas o pruebas que aplico a una experiencia subjetiva. Primero, ¿cuál es la realidad objetiva que corresponde a la experiencia subjetiva? y, segundo, ¿cuántas otras personas han tenido la misma experiencia subjetiva de estar relacionados con la realidad objetiva?[33].

Cuando se le pide al joven la razón de su cambio de vida, el muchacho contestaría: "un tomate guisado en mi zapato derecho". Pero es improbable encontrar siquiera a otra persona en el mundo entero que haya tenido un cambio de vida similar por tener un tomate guisado en el zapato derecho.

La realidad objetiva se hace un tanto sospechosa cuando no se puede verificar repetidamente en otras personas.

Cuando le preguntan a un cristiano por la realidad objetiva que ha causado ese cambio subjetivo, tan sustancial en su vida, él o ella contestaría: "la persona de Cristo y Su resurrección". ¿Cuántos otros comparten este mismo resultado de una relación con Jesucristo? La evidencia es aplastante. Hay millones de personas de toda nacionalidad y oficio que han experimentado este cambio de vida positivo. Una confirmación tan amplia aumenta enormemente la validez de las dimensiones subjetivas, que cambian la vida, de la fe en Jesús.

Antes de que Jesús dejara esta Tierra Él le dijo a Sus seguidores que iba a preparar un lugar para ellos en el Cielo. Luego añadió: "Y si me voy y preparo un lugar para ustedes, vendré otra vez y los tomaré conmigo; para que donde yo estoy, allí estén también ustedes"[34]. Según Jesús, vendrá el tiempo cuando cada persona que alguna vez haya vivido estará parada frente a Él. Habrá un solo asunto que se levante en aquel día del juicio: ¿Qué decidiste hacer acerca de Él?[35].

En aquel día será muy tarde para cambiar de lado: ya habrás hecho la decisión en tu vida. Es mucho más sabio resolver este asunto antes que esto ocurra, ¡y lograr un acuerdo fuera del tribunal! Entonces podrás tener la seguridad de lo que el apóstol Pablo decía: "por lo tanto, ya no hay ninguna condenación para los que están unidos a Cristo Jesús... me ha librado... del pecado y de la muerte"[36].

— ENFOQUE Y DISCUSIÓN —

1. Habiendo aprendido acerca de los tres componentes de la fe, explica cómo el compromiso que asume una persona de seguir a Cristo puede ser considerado razonable (basado en una decisión informada).

2. Hemos argumentado en este capítulo que la fe cristiana es razonable. Pero supón que un amigo te dice: "Si yo tuviera razones, yo no necesitaría fe". ¿Cómo le responderías?

3. ¿Brinda apoyo a la enseñanza antibíblica que las buenas obras son necesarias para que te ganes el Cielo el incluír el tercer componente ("la respuesta") en la definición de la fe? Trata de presentar el argumento a favor del "No" para contestar a esta pregunta.

4. Jesús enseñó que a aquellos que pusieran su fe en Él se les daría la presencia del Espíritu Santo dentro de ellos (Juan 7:37-39). ¿Por qué es esto necesario? Refiérete a los siguientes pasajes de la Biblia para ayudarte a dar tu respuesta: Isaías 59:2; Juan 8:34; Romanos 3:22b-23; 5:12; 6:23a.

5. ¿Piensas que el llegar a ser cristiano es más una reforma o una transformación? ¿Cual imagen es más apropiada: a) remodelar una casa vieja (reforma), o b) la metamorfosis de oruga a mariposa (transformación)?

6. En este capítulo identificamos tres dimensiones de la fe cristiana que cambian la vida. Explica cómo estas dimensiones transformadoras sobre cómo llegar a ser cristiano difieren o se asemejan a tu entendimiento anterior. Cómo respondes a ellas: ¿Entusiasmado? ¿Escéptico? ¿Con aceptación?

CAPÍTULO 5

¿DÓNDE ESTOY?
Analizando la Incredulidad, la Fe y la Duda

"Pensé que era muy raro que yo hubiera adquirido todo lo que había querido cuando niña: riqueza, fama y logro en mi carrera... yo tenía unos hijos hermosos y un estilo de vida fabuloso y, sin embargo yo era miserablemente infeliz. Descubrí que era espantoso que uno pudiera adquirir todas estas cosas y todavía ser tan miserable".
Raquel Welch, actriz

"La probabilidad de que la vida haya ocurrido por accidente es comparable a la probabilidad de que un extenso diccionario resulte redactado por completo por la explosión de una imprenta".
Edwin Carlston, biólogo de la Universidad de Princeton

Hace algunos años mi esposa y yo estábamos realizando una encuesta preguntándoles a las personas de nuestra vecindad sus opiniones acerca de la fe cristiana. Un hombre bastante grande y robusto salió a recibirnos a la puerta de su casa. Cuándo le pregunté: "¿estaría usted dispuesto a contestar algunas preguntas acerca de la fe?", él casi estalló. La diatriba que siguió, acompañada por su cólera, su cara roja y sus ojos saltones, fue espantosa. ¡Por suerte que mi esposa estaba allí y pude ocultarme detrás de ella la mayor parte del tiempo! No queriendo marcharnos con una nota ácida, cambiamos de tema y empezamos a elogiarlo por su césped y flores tan hermosas. Le empezamos a caer simpáticos. Siendo yo mismo aficionado a la jardinería, nos encontramos intercambiando ideas y estrategias animadamente. Antes de dejar su casa, quise averiguar cómo evitar repetir el plato inicial en otra casa. ¿Habíamos hecho nosotros algo para encender su ira?

Él nos contó su historia. En una casa que tenía había vivido completamente solo, excepto por un perrito que le era muy especial. Él también tenía lo que llamó un vecino religioso. Un buen día, soltó a su perrito por la mañana mientras lo miraba por la ventana. En el momento en que el perrito hacía en los arbustos del vecino lo que los perros hacen en los arbustos, el vecino salió de entre los arbustos donde se había escondido y empezó a darle de patadas al perrito hasta casi llegar a la calle. (Indudablemente que habría un lado de la historia, la del vecino religioso, que no se me estaba contando). A causa de las heridas internas, al perrito se le tuvo que sacrificar. Ya para esto el hombre tenía la cara roja como un tomate y estaba profiriendo: "Si esto es lo que es la fe, ¡no quiero saber nada de ella!".

Mi primera impresión de este hombre fue que era un incrédulo resuelto. Después de haber oído su historia, me di cuenta de que el asunto no era tan simple.

El Análisis de la Incredulidad y de la Duda

¿Podría una incredulidad tan grande como la que expresaba este hombre estar justificada por las circunstancias? ¿Es la incredulidad de este hombre distinta de la de otros que no creen, pero que no tienen ninguna hostilidad en lo absoluto? ¿Dónde encajan las dudas espirituales ya conocidas en el asunto de la fe? Para obtener una percepción más completa de estos asuntos, es necesario que examinemos los opuestos de la fe, a saber, la incredulidad y la duda. Como resultado, podremos determinar más específicamente en qué posición está cada uno de nosotros.

La Naturaleza de la Incredulidad

Durante años les he preguntado a muchos grupos que me digan qué viene a su mente cuando escuchan la palabra "incredulidad". Es típico que ocurran las siguientes descripciones:

duda	inseguro	ciego	que rechaza
que no conoce	decisión	que titubea	rebelión
desconfianza	ignorancia	indecisión	arrogante
escepticismo	testarudo	duro de corazón	

Aún un examen somero de estas palabras sugiere que no representan un solo concepto. De hecho, hay gran diferencia entre "ignorancia" y "rechazo", y entre "duda" y "rebelión". ¿Son estas descripciones diversas el resultado de entrevistar a gente confundida, o son tentativas honestas de comunicar un asunto complejo?

Imagínate conmigo que se acaba de descubrir una tribu perdida en las selvas del Amazonas. Yo me ofrezco de voluntario para ir y compartir con ellos los hechos históricos acerca de Jesús. Asumiendo la compatibilidad de nuestros idiomas, nuestro diálogo me hace sumamente consciente de las consecuencias de sus largos años de aislamiento. Ellos nunca han oído de ningún acontecimiento de la civilización humana y mucho menos de los detalles acerca de Jesús. Ellos están en incredulidad acerca de Él; es decir, carecen de fe en Jesús. En este caso hay una razón especial para su incredulidad: la ignorancia. Recuerda: ¿Cómo pueden ellos creer en lo que nunca han escuchado? El conocimiento es el primer componente necesario para la fe. Ellos no saben de Jesús, el objeto de la fe cristiana. Identifiquemos, pues, su condición como incredulidad ignorante.

Supongamos que me paso cada día, durante varios meses, hablándole incansablemente a esta gente, acerca de la razón del propósito y el significado de la vida, la evidencia histórica y científica a favor de las Escrituras y de lo que Jesús ha dicho y hecho. Después de cada sesión ellos hacen preguntas y debaten. Algunos quedan convencidos en un punto o dos, pero siguen teniendo duda en otros. Ellos le dan vueltas y vueltas al asunto, incapaces de llegar a una posición firme acerca de Jesús. Ellos están todavía en la incredulidad, pero por una razón diferente: ellos no se pueden decidir. El segundo componente necesario para la fe es una voluntad afirmativa. Ellos tendrán que tomar una decisión acerca de Jesús. Identifiquemos su nueva condición con la etiqueta de "Duda".

Finalmente, después de un período adicional de enseñanzas y preguntas, el jefe se levanta para dar su decisión. ¡Para mi horror ahora me dice que son una tribu de caníbales! (¡Uy! ¡Hay mucho en juego aquí!). El jefe les sugiere a los demás que yo estaría bueno para el almuerzo. Ellos rechazan el mensaje acerca de Jesús. Están en incredulidad, pero por una tercera razón: ellos han decidido no creer. Expresemos esta condición como incredulidad deliberada.

Las Formas de la Incredulidad

Ahora podemos entender mejor la lista de las breves descripciones de la incredulidad que la gente da por lo general. La lista identifica los tres aspectos de la naturaleza compleja de la incredulidad que pueden ser clasificados usando las condiciones por las cuales pasó la tribu perdida.

1. **DESCONOCIMIENTO** – que no conoce, ciego
2. **DUDA** – desconfianza, escepticismo, inseguro, que titubea, indecisión
3. **DECISIÓN** – testarudo, duro de corazón, que rechaza, rebelión, arrogante

La incredulidad existe en estas tres formas. Las muchas palabras que vienen a la mente de la gente, cuando piensan en la incredulidad, son solamente sinónimos de las tres formas básicas. El gráfico 1 clarifica la relación entre las formas.

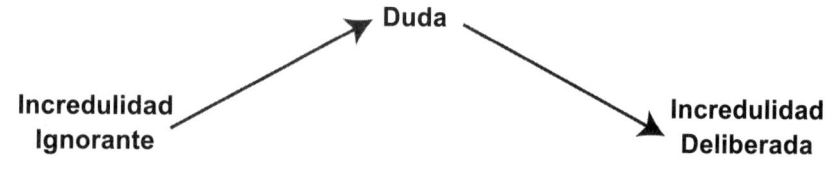

```
                    Duda
                 ↗       ↘
    Incredulidad           Incredulidad
    Ignorante              Deliberada
```

Gráfico 1.

La sencillez para determinar la posición en que estamos con respecto a Jesucristo ya debe ser evidente. Recuerdo el tiempo en mi propia vida cuando yo ya no podía decir que no conocía lo suficiente sobre Jesús, que ignoraba los hechos. De modo interesante, en mi propia mente, yo no había decidido rechazarlo tampoco. ¿O lo había hecho ya? La primera vez que supe de las pruebas de la Biblia y de la fe me quedé inseguro y titubeando, es decir, en duda. Pasé por un tiempo necesario de vacilación y discernimiento antes de que pudiera tomar una posición firme. Pero los meses de recopilación de hechos que siguieron no cambiaron mi indecisión. Yo ya estaba convencido de que la evidencia de la deidad de Jesús era excelente. Sin embargo, permanecía en duda y seguía pensando que tenía que leer un libro más, comprobar un hecho más y así, *indefinidamente*. Mirando hacia atrás este tiempo, desde mi perspectiva hoy, creo que mi escepticismo se había tornado, en realidad, en incredulidad deliberada disfrazada como duda.

Las Causas de la Incredulidad y su Antídoto

Hay dos barreras primarias para una fe bíblica razonable. Éstas son la ignorancia y el rechazo deliberado. La razón de esto se hace evidente cuando recordamos el triángulo de la fe. El conocimiento acerca de Jesús y una voluntad que lo acepta van a ser los dos primeros componentes esenciales de la fe. Cuando la ignorancia reemplaza al conocimiento y el rechazo deliberado sustituye a la aceptación, no puede haber ninguna fe.

Si yo estuviera en incredulidad ignorante, ¿cómo podría salir de aquella condición? Yo buscaría mantener abierta mi mente y recibiría la información fácilmente disponible acerca del objeto de la fe: Jesús. Para ilustrar este punto, considera las cinco parejas de misioneros cristianos que estaban en el Ecuador tratando de contarles a la tribu de indios aucas acerca de Jesús. La tribu estaba claramente en incredulidad ignorante, ya que los misioneros no los habían encontrado aún y no entendían su lengua. Un día, intentando hacer contacto personal, los cinco esposos fueron asesinados por los aucas en un ataque sorpresa. A pesar de la pena enorme por la pérdida de sus esposos, las jóvenes viudas volaron sobre la tribu y dejaron caer regalos desde su pequeña avioneta. Este acto de valor, amor y perdón, eventualmente, ganó la oportunidad para establecer contacto y, más tarde, comunicación con la gente. La ignorancia acerca de Jesús fue quitada por la enseñanza de los hechos de Su vida. Más adelante, los aucas tomaron el compromiso de fe de aceptar a Jesús como su Salvador. Ocurrió un cambio de vida increíble. De hecho, el jefe de la tribu bautizó posteriormente al hijo del misionero que él había matado personalmente[1].

¿Y qué si yo estaba en una posición de incredulidad porque estaba en duda acerca de Jesús? ¿Cómo podría salir de aquella posición? Debo decidir cuánta información es necesaria para tener la suficiente certeza acerca de la identidad de Jesús, y decirle "Sí" o "No" como mi Salvador y Señor.

¿Finalmente, qué hago yo para salir de mi posición de incredulidad deliberada? Ya que esto es una posición por opción o decisión, no hay ninguna otra salida que el escoger reconsiderar mi posición. Por lo tanto, yo vuelvo a la posición de "Duda", en donde otra vez examino la evidencia para ver si decirle "Sí" a Jesús no es más razonable y apropiado que decirle "No".

> *"La incredulidad contemporánea no se apoya en la ciencia, como lo hizo hacia fines del siglo pasado. Niega ciencia y religión por igual. Ya no es más el escepticismo de la razón ante la presencia de un milagro. Es incredulidad apasionada".*
> Albert Camus, escritor francés

Sin embargo, a veces el asunto no es tan claro. Las dos causas de la incredulidad, es decir, la ignorancia y la falta de disposición, pueden estar interrelacionadas. El apóstol Pablo, refiriéndose a cierta gente incrédula, dijo que "éstos tienen oscurecido el entendimiento y están alejados de la vida que proviene de Dios a causa de la ignorancia que los domina y por la dureza de su corazón"[2]. Es desconcertante saber que si fallamos en responder positivamente a lo que sabemos que es verdadero, puede ocurrir un endurecimiento del corazón que nos vacuna, por así decirlo, en contra de oír y aceptar verdad adicional. Ya hemos indicado antes que somos libres para endurecer nuestros corazones y deliberadamente decirle "No" al conocimiento que tenemos de Jesús. Nos queda esta decisión. Sin embargo, ahora nos vemos forzados a aceptar que nuestra dureza de corazón puede hacernos ciegos a la verdad –incapaces aún de reconocerla– debido a nuestro propio rechazo de siquiera escucharla o estar abiertos a la evidencia en lo absoluto. Peor todavía, nuestras voluntades obstinadas pueden aún intentar racionalizar la 'validez' de una posición tan insostenible.

A veces me he puesto a pensar sobre el hombre furioso a quien mi esposa y yo habíamos visitado. ¿En qué forma de incredulidad estaba él? Mi primera impresión era que la suya era incredulidad deliberada. Él parecía rebelde y duro de corazón. Pero, después de haber escuchado su historia, cambié de opinión. Pienso que estaba en incredulidad ignorante. Él había rechazado una caricatura de la fe, no la fe verdadera. Él parecía saber muy poco en verdad sobre Jesús. La preocupación que yo tenía acerca de él era si la cólera que él abrigaba por un acto tonto de su vecino, el supuesto hombre religioso, lo cerraría por siempre de recibir el conocimiento correcto acerca de Jesús que él necesitaría para tomar una decisión legítima. Debido a los estereotipos y caricaturas de la fe en la sociedad hoy, he llegado a creer que la incredulidad ignorante, causada por la falta de familiaridad con los hechos, o por el rechazo a escuchar o a estar abierto a la evidencia, es la forma más común de incredulidad. De hecho, ésta es la posición de la cual el apóstol Pablo dijo haber salido como un antiguo perseguidor de los cristianos: "pero Dios tuvo misericordia de mí porque yo era un incrédulo y actuaba con ignorancia"[3].

El Análisis de la Fe

El darnos cuenta de que tenemos libre albedrío nos trae la posibilidad de decirle "No" a la verdad de la fe cristiana. Pero, ser verdaderamente libres implica que también podemos decidir decirle "Sí". El creer es la alternativa a la incredulidad. El gráfico 2 indica las posiciones en que podemos estar y las decisiones que podemos tomar.

El Obrar de la Fe

La idea de que la fe requiere de un compromiso personal, se me hizo bastante clara durante mi propia búsqueda de certeza sobre Dios. Lo que

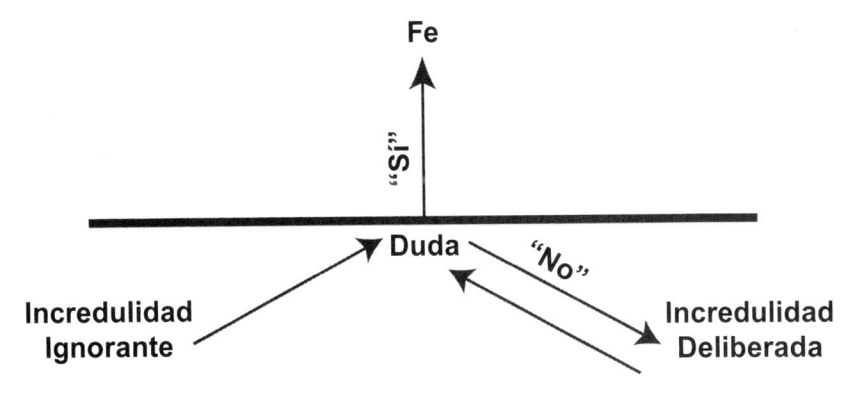

```
                    Fe
                    ▲
                    │
                  "Sí"
                    │
━━━━━━━━━━━━━━━━━━━━┿━━━━━━━━━━━━━━━━━━━━
                ▼ Duda ╲  "No"
              ╱     ▲    ╲
Incredulidad ╱            ╲ Incredulidad
Ignorante  ╱                ╲ Deliberada
```

Gráfico 2.

no entendía en lo absoluto, sin embargo, era la manera por la cual la fe debía funcionar en mi vida. Sólo después llegué a darme cuenta de que hay una falsificación de la fe que imita a la fe verdadera. Si a la falsificación la confundimos con la genuina, nuestra fe en Dios puede conducir a la decepción y a la amargura, en vez de a la realización.

La Falsificación de la Fe: La Fe de Contrato

Había un tiempo en mi vida cuando pensaba en la fe en términos de un contrato. El argumento era algo así: Yo tenía que creer que Jesús era el Hijo de Dios. A cambio, Dios me daría ciertos beneficios –la felicidad, el éxito, la riqueza y la salud– ¡qué cosas tan pequeñas! Esto me parecía justo, en vista del sacrificio que era para mí moldear mi vida para seguirle a Él. Y yo continuaría siguiendo a Dios mientras que Él cumpla con su parte, según lo estipulado en mi contrato imaginario. Si Él no llegaba a cumplir mis expectativas, bueno, ¡que se olvide de mí! En otras palabras, este escenario describe un contrato de fe con condiciones plasmadas en un lenguaje como "Yo creeré si es que...".

Tenemos un ejemplo clásico de este acercamiento a la fe en Tomás, uno de los discípulos de Jesús. Jesús le había dicho muchas veces a Sus seguidores que Él se levantaría de los muertos[4]. Cuando los testigos oculares le dijeron a Tomás lo que en realidad había pasado, él respondió: "mientras no vea yo la marca de los clavos en sus manos, y meta mi dedo en las marcas y mi mano en su costado, no lo creeré"[5]. Una semana más tarde Tomás caía a los pies de Jesús exclamando: "¡Señor mío y Dios mío!". Jesús entonces le dijo: "Porque me has visto, has creído; dichosos los que no han visto y sin embargo creen".

¿Cuál era el problema de Tomás? Su supuesta fe en Jesús era condicional; él insistía en que debería ver a Jesús físicamente, en vez de creer en la resurrección basándose en lo que Jesús había prometido de antemano. Tomás dijo, en efecto, que él no creía en Jesús porque no confiaba en Su Palabra (ni en la de los testigos oculares), pero sólo creería si es que... y expresó sus condiciones.

Al rescatar a la nación de Israel de la esclavitud en Egipto, Dios demostró Su fidelidad al prevalecer con muchos milagros por sobre circunstancias imposibles. Él entonces los trajo a la tierra de Canaán y les prometió que Él los haría tomar posesión de esa tierra. Se envió a 12 hombres a espiar el país durante 40 días, y regresaron con 2 informes[6]. El informe de la mayoría de diez de ellos dijo que mientras la tierra era excelente, los habitantes eran gigantes y sus ciudades estaban fuertemente fortificadas. Por lo tanto, más le valdría a la gente dirigirse de nuevo a Egipto, porque no había forma de tomar la tierra. ¿Qué hubiera cambiado sus mentes? ¿Tal vez el tener una docena de bombarderos último modelo? ¿o una batería de misiles? Su posición era "Dios, nosotros creeremos que tú puedes hacernos entrar en esta tierra si es que...". Lamentablemente, esto no es fe, ¡es una falsificación!

La Fe Genuina: La Fe que se Somete

La fe de contrato, la falsificación, demanda de Dios la responsabilidad de la prueba antes que nosotros estemos dispuestos a poner nuestra confianza en Él. En realidad, esto es actuar como si nosotros fuéramos Dios y Él debiera acceder a nuestras demandas. ¡Ésta no es exactamente la actitud apropiada de una criatura finita hacia el Creador infinito! Nosotros somos los que estamos en necesidad de Dios y no viceversa. Debemos venir a Dios según los términos de Dios, no según los nuestros.

Además, esto implica que no pensamos que Dios pueda cumplir con Su Palabra. Es como si pensáramos que no es capaz. Pero, si la fe es tan buena como su objeto, y el objeto de la fe cristiana es el Dios hecho carne, Jesucristo, entonces lo que Él diga es la última palabra sobre cualquier tema. El poner condiciones asume que Dios tiene limitaciones. La fe que se somete no es algo que tengo que generar emocionalmente, ni es la confianza que pongo en una iglesia. La fe que se somete confía incondicionalmente en el infinitamente poderoso, sabio, amante y justo Dios que creó y sostiene todo lo que existe. Lo que Él dice, Él lo puede hacer y realmente lo hace. Si conocemos a Dios de esta manera, entonces "el proceso de asumir compromisos basándonos en la Palabra de Dios" es un modo muy razonable de vivir. En vez de "creeré si es que...", mi actitud se torna en "creo en Dios, y punto".

Las mentalidades falsificada y genuina de la fe son ilustradas por los espías judíos. La mayoría reportó que, a pesar de la orden de Dios y Su promesa, no era posible una invasión exitosa de Palestina. El informe de la minoría (los dos espías restantes, Josué y Caleb), declaró que ya que Dios les había ordenado que tomaran la tierra, ellos deberían proceder inmediatamente a hacerlo así. ¿Cuál es la diferencia? Josué y Caleb basaban la acción que recomendaban en un Dios poderoso y fiel que les había prometido esta tierra. Ninguna condición puede pesar más que este factor. Pero no fue así con el resto de la gente. Al seguir el informe de la mayoría, ellos estaban indicando que consideraban otros factores más importantes que la Palabra de Dios. Si aquellos factores cambiaran, entonces la cosa estaría bien. El suyo era un contrato con condiciones, una falsificación que se hacía pasar por fe. La respuesta de Dios enfatiza este punto: "¿Hasta cuándo me seguirá menospreciando esta gente? ¿Hasta cuándo se negarán a creer en mí, a pesar de todas las maravillas que he hecho entre ellos?"[7]. El resultado fue 40 años de deambular por el desierto hasta que Josué y Caleb condujeron a la siguiente generación a tomar la tierra prometida. La falsificación de la fe no conduce a la relación y la realización, sino más bien a la decepción e incluso al sufrimiento innecesario.

La Ilustración de la Fe

El Centurión Romano

Un soldado romano hizo una declaración que llevó a Jesús a decir a la multitud que lo seguía: "Les digo que ni siquiera en Israel he encontrado una fe tan grande"[8]. ¿Qué había en la fe del centurión que produjo en Jesús una alabanza tan cálida?

El centurión era un militar que entendía claramente la autoridad. Él tenía un criado favorito que estaba muy enfermo y a punto de morir. No hay ninguna indicación de que él alguna vez hubiera visto a Jesús realizar milagro alguno. Indudablemente, él había oído las historias de cómo Jesús había curado a los enfermos; y, había enviado a algunos amigos judíos para pedirle que viniera. Cuando Jesús se acercó a su casa, el centurión le envió un mensaje: "Señor, no te tomes tanta molestia, pues no merezco que entres bajo mi techo. Por eso ni siquiera me atreví a presentarme ante ti. Pero con una sola palabra que digas, quedará sano mi siervo".

El centurión, humillándose a sí mismo, esperaba que Jesús pudiera curar a su criado, aún a distancia, reconociendo así Su posición de autoridad absoluta sobre la enfermedad. Él no impuso condición alguna. Más bien, simplemente, pidió a Jesús que diera la orden. Esta fe incondicional en la persona de Jesús era realmente el reconocimiento de Su autoridad como Dios; y, llevó a Jesús a elogiarlo cálidamente. El criado fue curado y restaurado a buena salud.

Noé

Hubo un tiempo en el que a Dios le pesó haber hecho al género humano[9]. Pero un hombre conocía y servía a Dios: "Noé halló gracia a los ojos del Señor". Noé iba a ser salvado del juicio de Dios remontándose en un arca sobre el diluvio que venía. Debemos recordar que Noé no vivía en la costa. Ni siquiera tenía una cabaña a la orilla de un lago. Sólo podemos imaginarnos el escenario, mientras Dios le informaba a Noé del diluvio que se avecinaba.

Cuando Dios le ordenó construir el arca, Noé probablemente se preguntó por qué necesitaría un barco donde él vivía. Él nunca había necesitado uno antes. ¡Pero eso no importaba! La pregunta más bien era: ¿Qué clase de barco debería ser? Dios le dio detalles adicionales: hazlo de 150 metros de largo, 25 metros de ancho y 15 metros de alto, con tres cubiertas. Puede que Noé se haya quedado boquiabierto. ¡Menuda tareíta se le venía encima! En efecto, desde que Dios dio la orden hasta que vino el diluvio hubo un período de 120 años. Noé estuvo construyendo el arca durante 120 años. (¡Esto le da una nueva dimensión a lo que es un pasatiempo!)

Como sabemos, él tenía tres hijos para que lo ayudaran. Un estudio del texto, sin embargo, nos revela que el primer hijo, Sem, nació aproximadamente 12 años después de la orden de construir el arca. Puedo imaginarme cómo comenzó la familia. Después de 11 años de muy lento progreso en lo del arca, Noé llegó a casa desalentado. Le dijo a su esposa que pensaba que nunca terminaría de construir el arca. Pero, juntos, a ellos se les ocurre una gran idea: ¡Sem! Dos buenas ideas más siguieron rápidamente: Cam y Jafet. Ahora ya había cinco personas para trabajar en el proyecto.

Es curioso preguntarse cómo hacía Noé para no avergonzarse de ser un espectáculo público en la comunidad. Lo suyo no era exactamente una canoa discreta. No podía ocultar al arca detrás de un arbusto. No había escapatoria al hecho de que él estaba construyendo un buque macizo a cientos de kilómetros del mar más cercano. Tal vez a menudo los muchachos le preguntaban a Noé: "oiga, papá, ¿está usted seguro de que oyó bien el mensaje?".

El punto es que la decisión de Noé de construir el arca vino estrictamente de haber aceptado a Dios y, por consiguiente, a la autoridad de Su Palabra. Durante 120 años él fue probablemente el centro de todas las bromas a leguas de distancia. Si yo hubiera estado en su situación, probablemente habría pedido una señal para mantener la fe (una media pulgada de lluvia cada día me hubiera alentado muchísimo). Pero no Noé: "Y Noé hizo todo según lo que Dios le había mandado".

Por la fe Noé, advertido por Dios sobre cosas que aún no se veían, con temor reverente construyó un arca para salvar a su familia... y llegó a ser heredero de la justicia que viene por la fe[10].

Para el tiempo en que el arca fue terminada, ya había empezado a llover. El agua comenzó a aparecer donde nunca antes había sido vista. Noé, el tonto, empezó a parecer un genio. Su fórmula era realmente bastante simple: él le creyó a Dios sin poner condiciones.

Lo Que Esto Implica

¿Dónde Estoy?

De vez en cuando durante mi búsqueda de certeza espiritual, yo terminaba pensando como un agnóstico. Tal vez había respuestas, pero quizás no; uno nunca podía saberlo de seguro. La fe es una cosa personal, pensaba, que funciona para algunos pero puede que no funcione para todos. Recordando aquellos años, desde mi perspectiva actual, creo que este modo de pensar emanaba de la ambigüedad de mi entendimiento. Yo no tenía clara ninguna distinción entre las formas de la incredulidad, como tampoco entendía la diferencia entre la respuesta genuina y las respuestas falsificadas a Dios. Si yo hubiera visto mis opciones como las veo ahora, pienso que habría tenido una dirección y un enfoque más claros.

Tal como lo veo ahora, el asunto central y más importante sigue siendo: "¿Qué posición he de tomar con respecto a Jesucristo?" Mi respuesta a esta pregunta determina si estoy en la sección de la "incredulidad" o del "creer" según el gráfico 3.

Nuestra discusión del triángulo de la fe en el capítulo 4 aclaró las razones básicas por las cuáles mi respuesta podría ser "No".

1. Falta de conocimiento (incredulidad ignorante): No conozco lo que Jesús dijo e hizo, o las razones para tener fe en Él.

2. Indecisión (duda): Tengo preguntas e incertidumbre emocional sobre qué opción elegir.

¿He puesto mi fe solamente en Jesucristo para mi salvación?

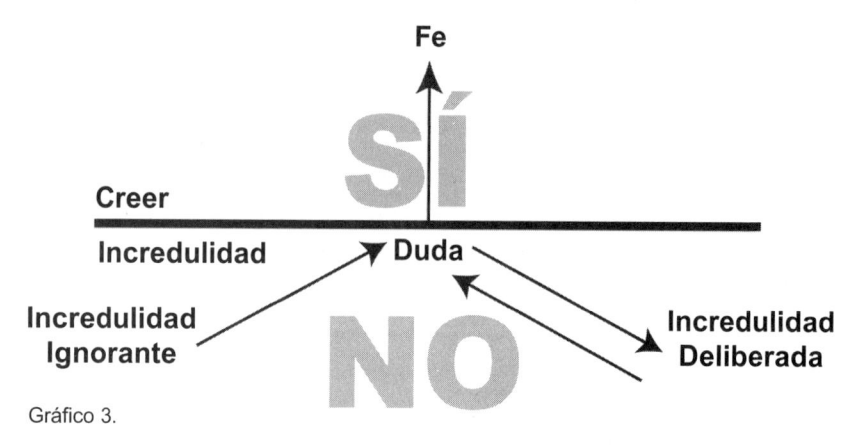

Fe

Creer

Incredulidad → **Duda**

Incredulidad Ignorante

Incredulidad Deliberada

Gráfico 3.

3. Rechazo voluntario (incredulidad deliberada): Niego que Jesús haya tenido que morir por mí y no quiero vivir para Él.

Por otra parte, si respondo que "Sí" significa que estoy de acuerdo con el apóstol Pedro, quien dijo que "Cristo murió por los pecados una vez por todas, el justo por los injustos, a fin de llevarlos a ustedes a Dios"[11]. Esto también significa que voy a hacer lo que el apóstol Pablo dijo, es decir, "si confiesas con tu boca que Jesús es el Señor, y crees en tu corazón que Dios lo levantó de entre los muertos, serás salvo"[12]. El apóstol Juan nos dice cuál será el resultado: "a todos los que le recibieron, a los que creen en su nombre, les dio el derecho de ser hechos hijos de Dios"[13].

Pero incluso si digo que "Sí", yo podría ver esta relación de fe o bien como un contrato con condiciones, o bien como un sometimiento incondicional a Dios.

1. La Falsificación de la Fe: "Fe de contrato": Le doy mi vida a Dios con la condición de que Él me recompense con salud, riqueza, el Cielo, etc. Yo tengo derechos, le pongo exigencias a Dios, y, hago buenas obras para ganar la aceptación y la bendición especial de Dios.

2. La Fe Genuina: Fe que se somete: Le rindo mi vida sin condiciones a Dios y con arrepentimiento. Soy aceptado sólo por Su amor y gracia incondicional. Mi amor por Él es mi motivación para hacer buenas obras, y, estoy capacitado para hacerlas por el poder interior del Espíritu Santo.

En su libro, *Cartas del diablo a su sobrino*, C.S. Lewis crea una serie de cartas de Screwtape, un demonio profesional y viceministro de la secretaría de la tentación, a su sobrino Ajenjo, un tentador menor. Al comentar sobre la mayor amenaza a los esfuerzos de un demonio en la vida de un ser humano, Screwtape escribe:

> No te engañes, Ajenjo, nuestra causa nunca está más en peligro que cuando un humano, ya no más deseando, pero todavía tratando, de hacer la voluntad de nuestro Enemigo, busca en un universo del que cada rastro de Él parece haber desaparecido, se pregunta por qué él ha sido abandonado, y, todavía obedece[14].

Esta fe genuina es una confianza que resulta de haberse rendido a Dios porque uno ha quedado persuadido por la evidencia de quién Él es. No es condicional basándose en a las circunstancias. La descripción de Screwtape encaja perfectamente con Jesús mientras Él colgaba de la cruz. Él no era una víctima, Él había decidido estar ahí[15]. Y cuando las circunstancias se tornaron oscuras, Él decidió quedarse ahí[16].

¿Y Qué Diferencia Hace?

Hemos visto que la fe cristiana es razonable. La evidencia de ser Dios, demostrada en la vida de Jesús, es concluyente. Y si esto es verdad, nosotros debemos creer en Él, debido a quien Él es, y no por cualquier recompensa o beneficio que pueda venir a nosotros. Pero si Él es genuino, entonces, Su presencia en nuestras vidas tiene que hacer una diferencia. ¿Qué nos promete como consecuencia de una relación de fe genuina con Él?

Primero, si estoy en la relación correcta con Dios, entonces soy capaz de realizar mi potencial humano; es decir, el llegar a ser todo para lo que fui creado en esta vida. Después de todo, si deseo saber cómo se puede usar mejor un producto, reviso las instrucciones del fabricante. De la misma manera, si Dios es mi Creador, Sus especificaciones para mi vida deberían traducirse en integridad funcional: realización plena en lo intelectual, moral y emocional. Jesús dijo: "Yo he venido para que tengan vida, y la tengan en abundancia"[17].

> "La razón es que... me parece que la visión religiosa del universo [en su versión cristiana] abarca más a los hechos de la experiencia que cualquier otra, por lo que he sido empujado gradualmente a abrazarla...".
> C.E.M. Joad, *La Recuperación de Fe*

Segundo, si estoy en una relación correcta con Dios, entonces soy capaz de realizar mi destino eterno, esto es, la certeza de vida después de la muerte. Jesús dijo: "No se angustien. Confíen... en mí. En el hogar de mi Padre hay muchas viviendas... voy a prepararles un lugar... vendré para llevármelos conmigo. Así, ustedes estarán donde yo esté..."[18].

¿Nos resistimos a creer que Jesús está vivo, que regresará a la Tierra otra vez en el futuro, y, que nos tomará para vivir en Su presencia siempre? El apóstol Pedro nos advirtió que habrá gente burlona que dirá: "¿Qué hubo de esta promesa de su venida? Nuestros padres murieron, y nada ha cambiado desde el principio de la creación"[19]. Él entonces recuerda a sus lectores que la gente en los días de Noé se mofaba de la misma manera. Pero cuando la inundación vino, Noé pareció un genio, porque él le creyó a Dios y vivió por Su Palabra.

Pedro añade: "Por esa misma Palabra, el Cielo y la Tierra están guardados para el fuego, reservados para el día del juicio...". ¿Por qué se demora tanto Jesús en cumplir Su promesa de volver? "Él tiene paciencia con ustedes, porque no quiere que nadie perezca, sino que todos se arrepientan".

Me acuerdo que llegué a un punto en mi vida cuando me di cuenta de que yo ya no tenía ningún motivo intelectual de peso que me mantuviera alejado de la fe en Cristo. Pero el efecto de tal descubrimiento no era lo que esperaba. En vez de estar animadamente impaciente para tomar aquel paso, yo todavía me contenía, permaneciendo cauteloso. ¿Qué me impedía bajar mis barreras y permitir que Jesucristo tome el control de mi vida? Más tarde vine a darme cuenta de lo que era, algo muy poderoso y al mismo tiempo muy sutil. Sólo Dios podía vencer el factor más importante que me mantenía alejado de la fe en Jesucristo. Pero cuando lo hizo, me quedé sorprendido.

— Enfoque y Discusión —

1. ¿Cuál de las tres formas de incredulidad piensas tú que es la más común? ¿Cómo variaría tu respuesta para gente en otros países?

2. Asumiendo que estés buscando honestamente la fe personal en Jesucristo, ¿es importante que sepas qué forma de incredulidad tienes? ¿Por qué?

3. ¿Es posible juzgar mal la incredulidad de una persona o la posición de fe que tiene, basándose sólo en las primeras impresiones? ¿Qué es necesario que sepamos a ciencia cierta? ¿Qué sugiere esto sobre la importancia de desarrollar relaciones que brinden confianza mutua, como base para hablar de la fe de uno?

4. A veces oímos la expresión "ver para creer". Lee 2 Pedro 3:3-10. Si una persona se guiara por la expresión que acabamos de citar, ¿cuándo creería él o ella en la segunda venida de Jesucristo? ¿Qué razón tienen los cristianos para creer en la segunda venida de Jesús, que no sea por la expresión arriba mencionada?

CAPÍTULO 6

¿CÓMO PUEDO CONOCER A DIOS?

Identificando los Escollos.
Dando el Primer Paso

"¡Es Jesús! Es Jesús quien cambió mi vida. Yo quiero que todos sepan que es Jesús".
Payne Stewart, golfista profesional, al pastor J.B. Collingsworth, después de ver el video de su victoria en el campeonato nacional U.S. Open de 1999[1].

"Sólo Dios cambia los corazones".
Paul Azinger, golfista profesional, hablando de la conversión su amigo Payne Stewart

"Tú y yo tenemos un vacío en forma de Dios en el centro de nuestro ser".
Blas Pascal, físico francés del siglo XVII

Hace varios años yo era el decano académico de una universidad pequeña, en el oeste medio de los Estados Unidos. Una de mis responsabilidades era entrevistar a candidatos a la facultad. Recuerdo a un candidato sumamente agradable, pero con educación limitada. Yo disfruté enormemente de la visita que hizo a nuestra universidad, pero sabía que tenía que decirle que él no estaba calificado para el trabajo. Después de lo que me pareció una hora de comentarios diplomáticos en mi tentativa de ser cortés, el hombre me miró y me dijo: "Por favor, vaya al grano". En una breve oración, de aproximadamente cinco segundos, le dije la verdad sin tapujos.

Un joven, que había sido estudiante en una de mis clases en la universidad, me llamó de improviso a casa durante las vacaciones de verano. Después del intercambio de saludos, me habló extensamente de una oportunidad que se le presentaba. Hablaba muy elogiosamente de mí, sobre lo maravilloso que era como persona y profesor. Finalmente, tuve que decirle: "Vayamos al grano, ¿por qué me estás llamando?". Él entonces admitió que quería que yo le prestara 1,500 dólares.

Años antes, algo parecido me había pasado en mi búsqueda de Dios. Yo había pasado muchos meses en contacto con gran cantidad de evidencia excelente. Yo había dialogado con muchas personas. Había sopesado el pro y el contra de un compromiso de seguir a Jesucristo. Pero, llegó el momento en que tuve que decirme: "Vayamos al grano. Espiritualmente hablando, ¿qué es lo esencial?". Aquella pregunta me hizo enfrentar la verdad: ya no se trataba de una serie de inquietudes intelectuales legítimas que me mantenían alejado de la fe. Yo tenía que tratar con algo mucho más difícil: un principio espiritual inherente en lo profundo de mi ser.

IDENTIFICANDO EL PRINCIPIO ESPIRITUAL

Podemos identificar el principio básico en un incidente que le ocurrió a Pedro, antes de que fuera creyente y apóstol.

Un día estaba Jesús a orillas del lago de Genesaret, y la gente lo apretujaba para escuchar la Palabra de Dios. Entonces vio dos barcas que los pescadores habían dejado en la playa mientras lavaban las redes. Subió a una de las barcas, que pertenecía a Simón, y le pidió que la alejara un poco de la orilla. Luego se sentó y enseñaba a la gente desde la barca.

Cuando acabó de hablar, le dijo a Simón: "Lleva la barca hacia aguas más profundas y echen allí las redes para pescar".

"Maestro, hemos trabajado duro toda la noche y no hemos pescado nada", –le contestó– "pero como tú me lo mandas, echaré las redes".

Así lo hicieron, y recogieron una cantidad tan grande de peces que las redes se les rompían. Entonces llamaron a sus compañeros de la otra barca para que les ayudaran. Ellos se acercaron y llenaron tanto las dos barcas que comenzaron a hundirse.

Al ver esto, Simón Pedro cayó de rodillas delante de Jesús y dijo: "¡Apártate de mí, Señor; soy un pecador!". Es que él y todos sus compañeros estaban asombrados ante la pesca que ellos habían hecho...[2].

El Requisito de la Fe

Después de pasarse la noche entera tratando de pescar completamente en vano, Pedro y su tripulación estaban limpiando las redes y probablemente deseando irse a dormir. La pesca no era ningún deporte de fin de semana para Pedro, sino su oficio. Contaba con experiencia y, seguramente, conocía las características del lago en gran detalle. Sin duda alguna, él habría intentado aquella noche cada técnica que conocía. ¡Pero ningún pez caía en sus redes! Es muy probable que Pedro estuviera disgustado y no de muy buen talante por la mañana.

Es en esta circunstancia que Jesús, el carpintero y maestro religioso itinerante (¡y ahora también pescador principiante!), aconseja echar las redes en lo profundo. El acontecimiento que sigue es de lo más instructivo. Pedro está reacio porque ya sabe exactamente lo que pasará (además de que no atraparemos ningún pescado, ¡habrá que lavar las redes otra vez!) Para evitar quedar avergonzado ante su tripulación, él deja en claro que esto no es idea suya ("pero como tú me lo mandas"). Pedro piensa que él sabe más que Jesús. Ésta es su cancha; Pedro está en su elemento. Sobre la playa, Pedro es el "experto". De todos modos, ¿qué sabe un rabino itinerante de la pesca? Desde esta perspectiva, Pedro se dirige a Jesús simplemente como "Maestro", un título de respeto, pero que reconoce sólo Su humanidad.

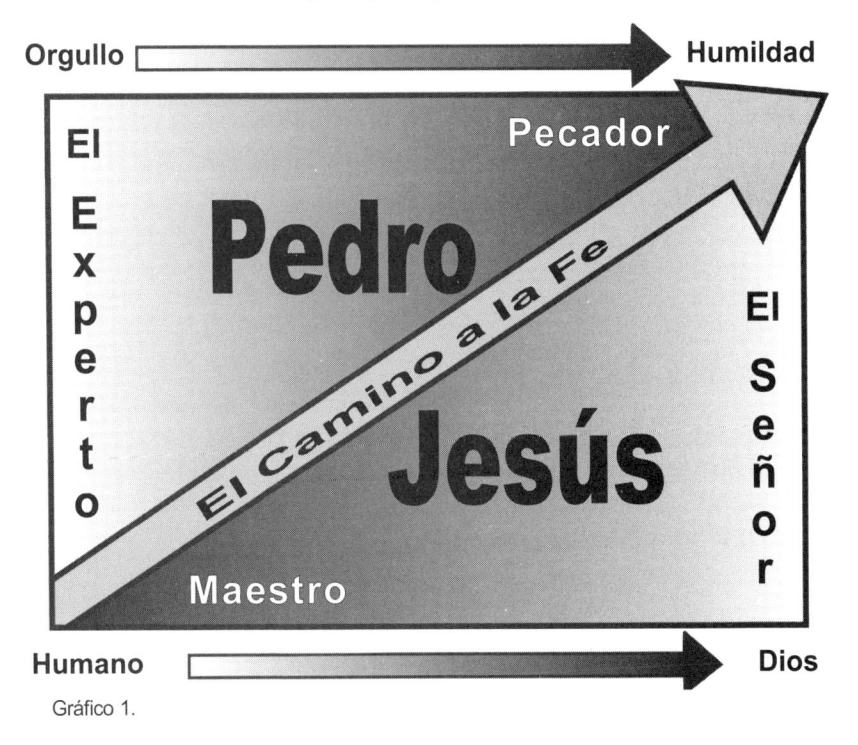

Gráfico 1.

Entonces ocurre la asombrosa y gigantesca pesca. ¡La respuesta de Pedro está tan llena de significado! Él ahora se identifica como "un pecador" y se dirige a Jesús como "Señor", queriendo connotar a alguien con autoridad suprema. La palabra que él escogió fue "kurios", que si bien a veces quiere decir simplemente "señor", en la mayoría de los casos es la traducción del hebreo "Jehová" o Dios. En vista del súbito ataque de humildad de Pedro y de su repentina respuesta de adoración, es claro que él le está atribuyendo divinidad a Jesús[3].

Podemos ver el principio espiritual más claramente si nos referimos al gráfico 1. Los triángulos superior e inferior dentro del rectángulo representan a Pedro y a Jesús, respectivamente. Antes de la pesca milagrosa, Pedro es el "experto" y se imagina que sabe más que Jesús (ilustrado por la base grande de su triángulo en la extrema izquierda). Al desarrollarse el incidente, ilustrado por "el camino a la fe", la diagonal que sube de izquierda a derecha, el triángulo superior que representa a Pedro se hace más pequeño; y, el triángulo inferior que representa a Jesús se hace cada vez más grande (ilustrado por la base grande de Su triángulo a la extrema derecha). El milagro mostró las limitaciones de Pedro y su orgullosa independencia. El resultado fue la admisión de pecado y la confesión de que Jesús es Señor. Es la comprensión de Pedro de que Jesús es el Señor lo que lo lleva del orgullo a la humildad. Este descubrimiento y fragilidad ocurren a menudo en el camino a una relación de fe con Jesús.

Clave para Ser Útiles

La ilustración en el gráfico 1 tiene claras implicancias para nuestras vidas. Intelectualmente, podemos estar convencidos por la evidencia de que Jesús es la encarnación de Dios. Pero nuestra autosuficiencia y orgullo nos pueden estar impidiendo reconocer que lo necesitamos. Mientras creamos que somos los "expertos", no estaremos dispuestos a rendirnos al derecho que Jesús tiene como Señor para dirigir nuestras vidas. Como Jesús les dijo a los fariseos autosuficientes y orgullosos, "no son los sanos los que necesitan médico, sino los enfermos... no he venido a llamar a justos sino a pecadores para que se arrepientan"[4].

En mi propio caso, la humildad no era mi fuerte. Mi orgullo era la mayor fuerza que me había impedido tener fe y depender de Jesús. Para seguirlo a Él en obediencia, tuve que experimentar Su perdón y someter mi vida a ser dependiente del poder que me ha dado Su Espíritu.

Ilustrando el Principio Espiritual

Puede que sea útil ilustrar cómo este principio espiritual quedó reflejado en las vidas de Juan el Bautista y Moisés, dos personas usadas por Dios en formas muy significativas.

Juan el Bautista

Juan el Bautista era seis meses mayor que Jesús y había vivido una vida de negación personal y lealtad de propósito. Su vida entera fue una preparación para anunciar la llegada de Jesús el Mesías, "el Cordero de Dios que quita el pecado del mundo"[5]. Él tenía muchos discípulos que lo seguían, y, gozaba de gran popularidad. Había hecho grandes sacrificios para tener el éxito que experimentaba. Sería fácil para mí imaginármelo defendiendo agresivamente su derecho a la fama.

Unos meses después, los seguidores de Juan vinieron a él con una preocupación comprensible: había más personas que comenzaban a seguir a Jesús que a Juan. Obviamente que sus seguidores se habían puesto celosos y veían las actividades de Jesús como una infracción a los derechos de Juan. Pero Juan veía las cosas de manera diferente. Él declaró: "El que viene después de mí es superior a mí, porque existía antes que yo... yo no soy digno ni siquiera de desatarle la correa de las sandalias"[6]. Con total humildad él entonces declaró: "Nadie puede recibir nada a menos que Dios se lo conceda... a Él le toca crecer, y a mí menguar"[7].

¿Cómo podría Juan hacer esto? Porque él estaba en una relación de fe con Dios y sabía que hacer la voluntad eterna de Dios era más importante que la posición temporal y el éxito. En otras palabras, él había aprendido humildad. Jesús elogió tal actitud, pues más tarde habló así de Juan: "Les digo, que entre los nacidos de mujeres no hay nadie mayor que Juan"[8]. En mis años de universitario me hubiera sido difícil imaginar que mi naturaleza competitiva pudiera ser controlada y canalizada de un modo tan humilde.

Moisés

Cualquiera que esté enterado de las hazañas de Moisés en Egipto, lo verá como un gigante entre los hombres. Pero pocos entendemos que su reputación está basada enteramente en su vida después de los 80 años. Por cierto, como intentaré demostrar, la operación de este principio espiritual en su vida temprana fue la clave de su grandeza posterior.

Moisés fue hijo de esclavos en Egipto, en tiempos en que el faraón declaró la pena de muerte a todos los varones hebreos recién nacidos[9].

En un intento desesperado para salvarle la vida, su madre lo colocó en una canasta, que luego dejó entre algunas cañas a la orilla del río Nilo, detrás del palacio real. Al encontrar al niño llorando, la hija del faraón sintió compasión y adoptó a Moisés como su propio hijo. Fue por estas circunstancias providenciales que Moisés disfrutó del lujo y los privilegios de la realeza, durante los 40 primeros años de su vida. La Biblia lo describe como "instruido en toda la sabiduría de los egipcios; y era poderoso en sus palabras y obras". Sin excepción alguna, él era el judío más culto y poderoso en el mundo de su tiempo.

Aproximadamente a la edad de 40 años, Moisés cometió alta traición al matar a un guardia egipcio, porque se compadeció de un esclavo hebreo que éste estaba golpeando. También intentó ser árbitro o juez de altercados entre los hebreos. Encontramos el significado de estas actividades en la percepción que Moisés tenía de sí mismo: "Moisés suponía que sus hermanos reconocerían que Dios iba a liberarlos por medio de él"[10]. No hay ninguna afirmación bíblica ni indicio indirecto de que Dios le hubiese encargado, por ese tiempo, a Moisés que fuera el libertador que Él escogió. Dios lo llamó a esta tarea, pero 40 años más tarde; un retraso crítico por una razón muy importante.

Parece evidente que Moisés había actuado por cuenta propia. ¿Por qué? ¡Él era "el hombre fuerte" del palacio! Aunque bien intencionado, es claro que sobrestimó su propia importancia y se consideró sin pecado. Él pensaba que estaba por encima de la ley. Se creía un autócrata benévolo. Él era el "experto". El orgullo de Moisés lo condujo a creer que si alguna vez hubo alguien que tenía el poder de liberar a los hebreos de su esclavitud, él era esa persona. Pero su propia gente lo rechazó, y, lo que es peor, su familia adoptiva egipcia pronunció la pena de muerte sobre él. Él había fracasado completamente, por lo que huyó al desierto de lo que hoy es Arabia Saudita, cerca del Golfo de Aqaba, para salvar su vida.

Ningún consejero professional competente le sugeriría ir a pastorear ganado en el desierto al judío más culto y capaz del mundo. Sólo Dios podría saber cuán útil sería una temporadita de 40 años en el desierto para tratar un caso agudo de autosuficiencia y orgullo. Puedo imaginarme cuán a menudo Moisés debe haber reflexionado sobre su fracaso, de cómo había echado todo a perder. Él lo había tenido todo... y lo había perdido.

Entendiendo Dos Preguntas

"¿Quién Soy Yo?"

Teniendo esto como telón de fondo, Dios llamó a Moisés 40 años después, de en medio de un arbusto que estaba "ardiendo" en el desierto. "Ven, por lo tanto, ahora, y te enviaré al faraón para que saques de Egipto a mi pueblo, a los hijos de Israel"[11]. Cuarenta años antes Moisés podría haber pensado: "Dios, no te conozco muy bien, pero tengo que reconocer que tienes talento para escoger. Si alguien puede hacer un trabajo así, ¡ese soy yo!". Pero a la edad de 80 años, después de 40 años en el desierto, Moisés responde: "¿Quién soy yo para que yo vaya al faraón y saque de Egipto a los hijos de Israel?". Tenemos a un Moisés cambiado, un hombre humilde. Además, 40 años antes, él ya había intentado lo que Dios pedía y no había funcionado. ¿Por qué debería ser diferente ahora? Moisés aún no había entendido la importancia de su propia pregunta trascendental: "¿Quién soy yo?".

La respuesta de Dios a Moisés es crítica a mi tesis: "Por cierto estaré contigo...". La implicación es obvia. Cuando Moisés trató de liberar a su pueblo 40 años antes, él lo había hecho por cuenta propia. Podríamos suponer que pensó que sólo él podía hacerlo. Es por eso que falló. Esta vez ya no sería la suficiencia de Moisés, sino el poder de Dios trabajando a través de él lo que garantizaría el éxito. A los 40, Moisés era el judío más culto y capaz en el mundo, un hombre orgulloso, el "experto". A los 80, él era un hombre humilde que reconocía su necesidad de Dios para tener realmente éxito en la vida.

"¿Quién soy yo?" o mejor, "¿quién pienso que soy?" fue la primera pregunta crítica que afronté en mi propio sinceramiento espiritual. Mi renuencia a admitir mi necesidad y fracaso moral era una fuerza disuasiva mayor que cualquier otro factor que me impidiera confesar a Jesús como Señor.

"Dios, ¿Quién Eres Tú?"

Moisés no está seguro todavía. Él carga con el recuerdo doloroso que ha llevado durante 40 años, es decir, el rechazo de su propia gente: "¿Y quién te nombró a ti gobernante y juez sobre nosotros?", ellos le habían preguntado. Temiendo que se repita este cuestionamiento, Moisés pregunta: "Dios, ¿quién eres?", es decir, "¿cuál es tu nombre, de modo que yo pueda decirles quién me envía?". La respuesta de Dios es imponente: "Yo Soy el que Soy". Moisés debe ir como el instrumento del Dios "Yo

Soy", Aquél que no tiene comienzo ni fin, el de tiempo siempre presente, el Eterno. La pregunta de Moisés va más allá: "¿Y qué si no me creen...?"[12]. Dios procedió a convertir la vara de pastor de Moisés en una serpiente y, luego, en vara otra vez. Después hizo que la mano de Moisés se volviera leprosa como la nieve y luego sana otra vez. Dios no dependía de la educación y capacidad de Moisés. Él tiene todo el poder del universo. Dios le hizo ver claramente a Moisés que Él era capaz y estaba deseoso de llenar vasijas humanas rendidas y humildes con Su amor y poder, en cuanto la alabanza y el crédito vayan dirigidos correctamente a la fuente de toda bondad, esto es, a Dios mismo.

Éstas son las dos preguntas eternas que cada uno de nosotros debe enfrentar en la mente y la experiencia, al venir a la fe en Jesucristo. A pesar de nuestras habilidades, debemos reconocer que hay algo que todavía falta en nuestras vidas. La paradoja del poder y humildad, que es evidente en la vida tardía de Moisés, nos ha de ser atractiva. A Moisés se le elogia por "todas aquellas señales y prodigios que el Señor le mandó realizar en Egipto ante el faraón... el gran poder y los hechos grandiosos y terribles que Moisés hizo". Sin embargo, a Moisés también se le describe como "muy humilde, más humilde que cualquier otro hombre sobre la Tierra"[13]. Es bien poco probable que él aprendiera humildad en el palacio de Egipto. Tal vez nosotros también deberíamos considerar una temporadita en el desierto aprendiendo a pastorear.

APLICANDO EL PRINCIPIO ESPIRITUAL

Las dos preguntas, "¿Quién soy yo?" y "Dios, ¿quién eres tú?" no se formalizaron en mi mente cuando yo luchaba con mi propio compromiso de fe. Pero el concepto sí. Me di cuenta de que quien yo pensaba que yo era, determinaba en gran manera cuán grande podría ser mi Dios. Me había encontrado con esta idea leyendo a C.S. Lewis.

> "...La relación de uno con Dios y con Jesucristo es estrictamente una relación personal... Uno no puede permanecer neutral acerca de Él".
> Charles Colson, ex asesor de la Casa Blanca

En Dios te encuentras contra algo que es en todo sentido enormemente superior a ti. A no ser que conozcas a Dios de esa manera –y, por lo tanto, te reconozcas como nada en comparación con Él– no conoces a Dios en absoluto. Mientras estés orgulloso de ti, no puedes conocer a Dios[14].

Yo ni sabía ni quería hacerme a mí mismo más pequeño, por así decirlo. No fue sino hasta que Dios me reveló a mí cuán grande es Él, que yo me vi finalmente pequeño en comparación. Esto cambió el curso de mi vida.

Tomando Inventario a Mis Bienes

Nací y me crié en una pequeña comunidad agrícola del sudeste de Dakota del Sur. Mi terruño no es precisamente la materia prima de la cual nace la arrogancia, aunque en broma nos ufanábamos orgullosamente de que, al menos, ¡nosotros no éramos del vecino estado de Iowa!

Había muchas cosas buenas que había heredado de mis padres, pero dos destacaban como teniendo importancia crucial para mí. De hecho, me eran tan importantes que se convirtieron en desventajas. Mi primera ventaja era que yo tenía gran capacidad atlética. En retrospectiva, me es claro que mi marco de referencia no era muy grande, pero desde donde estaba, yo era bastante bueno. Los campeonatos regionales y estatales en varios deportes me hicieron creer que yo era mejor que otros. Esto se reforzaba con regularidad con la cobertura de prensa que me daba nuestro periódico local, un semanario. Las noticias en primera plana incluían los partidos de la escuela y otras primicias deportivas. Mientras más tinta me daban, más crecía mi ego. Si se me hubieran subido un poco más los humos a la cabeza, ¡me habrían tenido que dar un casco de fútbol americano más grande!

La segunda cualidad positiva –que se convirtió en una molestia personal– era mi habilidad intelectual. Las notas altas me venían fácilmente; y mis amigos me veían como un "cerebro". El reconocimiento y los premios que recibía en el área académica, sumados a mis logros atléticos, eran una fórmula que alimentaba mi sentido de identidad propia y valores. En tal situación Dios era innecesario; yo la estaba pasando muy bien sin Él. Más que arrogante, yo era autosuficiente y engreído.

Fue en el laboratorio de biología, en mi segundo año, que conocí a una muchacha que veía la vida de manera distinta. Verneé era también muy capaz, pero hablaba de una relación personal que tenía con Jesús. Esto era el centro de su vida, que determinaba su autoestima y valores. Ella era humilde también. La encontré atractiva y comenzamos a pasar tiempo juntos. Su influencia me empujó a una búsqueda espiritual que llevaba ya varios años gestándose. A los pocos años nos estábamos casando. ¡Desde que la conocí la he amado a ella, a la biología y al Señor a quien ella me señaló! Los años antes de esto, sin embargo, produjeron una bancarrota espiritual que me impulsó a mi nuevo camino.

Prosperidad Temporal

Se daba por hecho que yo iría a la universidad. Clasificar las becas que me ofrecían y buscar la mejor oferta era para mí como vivir en un palacio (¡como Moisés!), haciéndome sentir que yo era el artífice de mi propio destino. Los años en la universidad trajeron más proezas atléticas, logros académicos y aún el reconocimiento social, cuando me eligieron rey del baile de San Valentín.

Intelectualmente, quedé más impresionado con el profesorado, lógico y racional, aunque amable, de la Facultad de Ciencias Naturales. A ellos no los intimidaba ni los sacaba de sus convicciones científicas sobre la evolución humana, la crítica de lo que yo entonces veía como tipos menos informados y de mentalidad religiosa estrecha. El que yo eligiera una carrera en Biología y enseñanza secundaria contenía un elemento de cruzada; esto es, yo saldría y rescataría a la siguiente generación de la estrechez de la mentalidad religiosa y la llevaría al entendimiento científico mejor informado.

El clímax de mi vanidad como "el experto" vino durante mi primer año como maestro de secundaria de Ciencia General, Biología y Química. Recibí una llamada telefónica del decano del programa de posgrado de Biología de una universidad estatal. Él me persuadió para que visitara la universidad para conocernos. Pero como le expliqué, los años en la universidad, participando activamente en tres deportes y con un plan de estudios de ciencia demandante me habían dejado un tanto cansado. Yo no estaba desesperado por empezar el posgrado inmediatamente. Sin embargo, envié mi solicitud, principalmente porque después de enseñar tres meses de Ciencia General a estudiantes de secundaria, ¡me era evidente que había peores cosas que seguir estudiando!

Poco tiempo después de Navidad, me llamaron a la oficina del director para recibir una llamada de larga distancia. El mismo decano de la Facultad de la Escuela de Posgrado me estaba llamando para felicitarme por mi ingreso al programa de Biología, e informarme que había ganado una beca nacional que pagaría todos mis gastos educativos y me daría además un estipendio suficiente para vivir los cuatro o cinco años del doctorado. Yo debería haberme caído de rodillas y echado lágrimas de gratitud, pero no lo hice. Me avergüenzo al recordar lo que pensaba al regresar a mi laboratorio de ciencia: "¡Cuando eres bueno, te pasan estas cosas!". Yo me imaginaba que me había ganado aquel premio. En vez de experimentar agradecimiento, la noticia fue otra caricia más a mi ego. ¡Yo iba a ser doctor en Biología!

Bancarrota Espiritual

Dios se debe haber reído de buena gana, por así decirlo, por mi pretensión de tener al mundo prendido de la cola. Un poco después de llegar a la universidad para comenzar mis estudios de posgrado, me encontré con algunos hombres, cristianos, que no encajaban en mi estereotipo antiintelectual. Algunos eran aún científicos con grados de doctor. Ninguno de ellos era agresivamente insistente acerca de su fe; pero, la defendían con pruebas que yo nunca pensé que existían. En particular, yo me preguntaba cómo alguien podría justificar creer en una Biblia que había propagado tales mitos precientíficos como la creación especial en seis días de 24 horas, un infierno real (con fuego y todo), y un diablo de verdad, por nombrar unos cuantos. ¡Yo no me tragaba tales cosas!

No recuerdo haberme llevado mal con estos fulanos, pero en mi propio corazón yo estaba determinado a demostrar que tenía razón. Comencé a leer los libros que ellos me dieron sobre la evidencia externa, provista por la arqueología y los estudios de los manuscritos. ¡Qué sorpresa fue para mí que los escritos del Nuevo Testamento fueran las escrituras más confiables de la Edad Antigua! Otro hombre me desafió a que yo mismo leyera y estudiara el Nuevo Testamento críticamente. Era verdad que yo había estado familiarizado con la Biblia desde niño, pero no había examinado su veracidad como adulto.

Por primera vez en mi vida yo estaba aplicando los instrumentos de la evidencia y la razón a la investigación de la fe. Este proceso educativo continuó durante meses. Pasaba tanto tiempo escudriñando la Biblia y los libros sobre la evidencia como el que destinaba a mis estudios de posgraduado en Biología. Poco a poco me empecé a dar cuenta de que estaba equivocado sobre casi todo en lo que basaba mi escepticismo. La evidencia que estaba descubriendo acerca del cristianismo había comenzado a satisfacer mi mente. Pero Dios no estaba cerca. No sentía que hubiera relación alguna todavía.

Lo interesante era que mi lectura seguía trayéndome a que me enfocara en la persona de Jesús. Yo estaba cautivado por Él, tanto atraído como repelido, al mismo tiempo. Me gustaba cómo era, compasivo, ingenioso, sensible, ético, lleno de poder, etc. Pero, algunas de Sus enseñanzas me eran amenazantes; autoridad absoluta, santidad a ultranza y perdón ilimitado, incluso hacia los enemigos. En lo secreto, como Pedro, el "experto" de la pesca, yo todavía pensaba que en estos asuntos yo sabía más que Jesús.

El momento decisivo para mí vino una madrugada, del modo más inesperado. Mi esposa Vernee ya se había ido a dormir, dejándome solo para que leyera, como era mi costumbre, hasta en las altas horas de la madrugada. En algún punto decidí leer la Biblia por un rato. No recuerdo por qué, pero me sentí atraído al libro de Job en el Antiguo Testamento. Siendo competitivo, leí con interés el desafío que el diablo le formuló a Dios acerca de la vida de Job[15]. Leyendo los desastres que le vinieron a Job, sentí que Dios era injusto y estuve de acuerdo con Job cuando él exclamó: "¡Dios me ha agraviado!"[16]. Sentí que Job estaba perfectamente justificado cuando dijo: "Ciertamente defenderé delante de Él mis caminos... Vean que ya he preparado mi caso... déjame hablar, y contéstame tú"[17]. Yo pensé que Dios tenía que darle cuentas. ¿Quién se habrá creído Él que es?

Job consiguió audiencia. Estuve sorprendido cuando Dios se le apareció a Job y le habló: "¿Quién es éste, que oscurece Mi consejo con palabras carentes de sentido? Ahora cíñete la cintura como un hombre; Yo te preguntaré y tú Me contestarás"[18]. Dios le habló irónicamente a Job cuándo le dijo que Él se sentaría a los pies de Job ¡para aprender de él! No es posible sentir el pleno impacto de este encuentro sin haber leído el relato íntegramente en los capítulos 38 al 42 del libro de Job. Algunos extractos del interrogatorio que Dios le hace a Job servirán para transmitirnos algo del sentido:

¿Dónde estabas tú cuando puse las bases de la Tierra? ¡Dímelo, si de veras sabes tanto! ¡Seguramente sabes quién estableció sus dimensiones...!

¿Alguna vez en tu vida has dado órdenes a la mañana? ¿O le has hecho saber a la aurora su lugar...?

¿Te han mostrado las puertas de la muerte...?

¿Acaso puedes atar los lazos de las Pléyades? ¿O desatar las cuerdas que sujetan al Orión? ¿Puedes hacer que las constelaciones salgan a su tiempo...?

¿Quién puso la sabiduría en el corazón? ¿Quién dio inteligencia a la mente...?

Éstas eran todas preguntas sobre la precisión y el esplendor del universo. Se me ocurrió que Dios debía ser realmente un amante de la ciencia. Y es aquí dónde yo también era bueno. Pero estas preguntas sondeaban aún más profundamente en los misterios de los orígenes y funciones de la naturaleza que cualquier examen que yo hubiera alguna vez dado. Sin embargo, todavía faltaba lo mejor: la Biología, mi especialidad.

¿Quién le prepara al cuervo su alimento, cuando sus polluelos claman a Dios y andan errantes por falta de comida? ¿Quién le dio libertad al asno montés? ¿Quién soltó sus ataduras? ¿Le das tú su fuerza al caballo? ¿Cubres tú su cuello con crines ondulantes? ¿Acaso por tu sabiduría vuela el gavilán y extiende hacia el sur sus alas? ¿Se remonta el águila por tu mandato y pone en alto su nido?

Después de dos capítulos llenos de preguntas científicas, Dios se voltea hacia Job: "¿Corregirá al Todopoderoso quien contiende contra Él? ¡Que le responda a Dios quien se atreve a acusarlo!". La respuesta de Job no era lo que yo esperaba: "¿Qué puedo responderte, si soy tan indigno? ¡Me tapo la boca con la mano! Hablé una vez, y no voy a responder; hablé otra vez, y no voy a insistir"[19].

En mi orgullo, pensé que la respuesta de Job era un tanto apocada y quejumbrosa. ¿Acaso no sabía nada de estos asuntos? Aún no veía a Dios tan claramente como Job lo hacía.

Dios continuó: "¿Vas acaso a invalidar mi justicia? ¿Me harás quedar mal para que tú quedes bien? ¿Tienes tú un brazo como el de Dios? ¿Truena tu voz como la suya?... Da rienda suelta a la furia de tu ira; mira a los orgullosos y humíllalos... Entonces yo también declararé que tu diestra puede salvarte". Lo que sigue son dos capítulos más de preguntas acerca del orden y diseño evidentes en el mundo.

De repente, de un modo profundamente personal, Dios ya no se dirigía a Job, ¡Él se estaba dirigiendo a mí! En forma poderosa, aunque no audible, yo sentía la voz de Dios interrogándome: "Donald, ¿y quién te crees tú que eres al fin de cuentas?". Me dirigí mentalmente hacia muchos incidentes del pasado de orgullo, envidia, autosuficiencia, independencia y orgullo. Dios me estaba revelando la verdadera naturaleza de mi corazón. En contraste con esto, me parecía que yo estaba ante la presencia de un Dios poderoso, sabio y justo. Los comentarios finales de Job describían lo que yo experimentaba:

> Yo sé bien que tú lo puedes todo, que no es posible frustrar ninguno de tus planes.

> "¿Quién es éste" –has preguntado– "que sin conocimiento oscurece mi consejo?". Reconozco que he hablado de cosas que no alcanzo a comprender, de cosas demasiado maravillosas que me son desconocidas.

"Ahora escúchame, que voy a hablar" –dijiste– "Yo te cuestionaré, y tú me responderás". De oídas había oído hablar de ti, pero ahora te veo con mis propios ojos. Por tanto, me retracto de lo que he dicho y me arrepiento en polvo y ceniza[20].

Me caí de rodillas de la silla y comencé a llorar. Me vino un pensamiento profundamente emotivo: "Señor ¡Cuánto lo lamento!". Me había criado pensando que la gente fuerte no llora; que ese era un signo de debilidad en los hombres. Pero esa noche el machismo no importaba para nada. Yo estaba devastado por la convicción de mi pecado; y, sólo podía repetir una y otra vez "¡Lo lamento Señor! ¡Cuánto lo lamento!". No estoy seguro de cuanto tiempo había transcurrido antes que me sorprendiera un desarrollo inesperado.

Yo estaba todavía sobre mis rodillas reflexionando sobre la imponente grandeza de Dios y mi nuevo deseo de estar bajo Su autoridad. Y de repente, me di cuenta de que era libre... de mi necesidad de ganar, de ser el número uno y de probarme a mí mismo; de la esclavitud de mi ego. Ya no tenía que actuar más. ¡Ah, qué libertad! En forma súbita, como un torrente, me di cuenta de que había sido perdonado. El amor de Dios a través del sacrificio de Jesús, el Cordero de Dios, lo había pagado todo. Era como si todos los reglamentos con los que yo asociaba a la Iglesia y a Dios hubieran desaparecido. De alguna manera, en su lugar, estaba un Dios personal, que se preocupaba por mí, y que con los brazos abiertos me decía: "Donald, te amo". Tuve que admitir humildemente mi bancarrota espiritual y aceptar Su perdón hacia mí como Su regalo. Las lágrimas se me salían de nuevo, pero esta vez ya no de pena. Eran lágrimas de alegría mientras mi corazón exclamaba: "¡Gracias!... ¡Señor, gracias... gracias!". Yo era un nuevo hombre, perdonado y libre.

Bajo Nueva Gerencia

Han pasado muchos años desde aquella noche agitada. Obtuve el doctorado en Biología y, más tarde, hice una maestría en Estudios del Nuevo Testamento, pero ya no para mi ego. La realidad de una relación personal con Jesús, que yo ahora sabía que está plenamente vivo, puso en mí una responsabilidad hacia mi Creador y Juez Final. No es tan áspero como pudiera sonar; es la combinación correcta de amor y disciplina. He sido puesto en libertad bajo su Señorío para servir y llegar a ser más en mí mismo que nunca antes –a la manera que fui creado para ser. Estoy en paz– bajo nueva gerencia.

¿Qué diferencia ha hecho Jesús en mi vida? Déjame ser específico.

1. **He recibido y sigo experimentando el perdón de mis pecados.**
   "Porque Cristo murió por los pecados una vez por todas, el justo por los injustos, para llevarnos a Dios"[21].

   "Si confesamos nuestros pecados, Él es fiel y justo para perdonarnos los pecados y para limpiarnos de toda maldad"[22].

2. **Soy un hijo espiritual de Dios y me ha dado el poder de seguirlo a través del Espíritu Santo dentro de mí.**
   "Pero a todos los que le recibieron, a los que creen en su nombre les dio el derecho de llegar a ser hijos de Dios"[23].

   "Pero el Consolador, el Espíritu Santo, a quien el Padre enviará en mi nombre, Él les enseñará todas las cosas, y les recordará todo lo que les he dicho"[24].

3. **Estoy en paz con Dios y no temo al juicio.**
   "Porque Dios no envió a su Hijo al mundo para juzgar al mundo, sino para que el mundo sea salvo por medio de Él. El que cree en Él no es condenado..." [25].

   "Ahora pues, ninguna condenación hay para los que están en Cristo Jesús, los que no andan conforme a la carne, mas conforme al Espíritu. Porque la ley del Espíritu de vida en Cristo Jesús me ha librado de la ley del pecado y de la muerte"[26].

4. **Tengo la seguridad de la vida eterna después de la muerte.**
   "Yo soy la resurrección y la vida: el que cree en Mí, aunque esté muerto, vivirá"[27].

   "Les escribo estas cosas a ustedes que creen en el nombre del Hijo de Dios, para que sepan que tienen vida eterna"[28].

Se debe entender que no reclamo estas bendiciones porque me considero digno, o porque haya hecho alguna buena obra para ganarlas. La Biblia dice: "A causa de Su bondad, ustedes han sido salvados a través de confiar en Cristo. Y aún el hecho de confiar no es de ustedes; esto también es un regalo de Dios. La salvación no es una recompensa por lo bueno que hayamos hecho para que ninguno de nosotros se jacte de ello"[29]. Mi esposa, Vernee, y yo reconocemos que nosotros no hubiéramos permanecido juntos como matrimonio por más de 40 años, si no fuera por la gracia de perdonarnos y cambiar, que viene de Él. Nuestros dos hijos han llegado a reconocer a Jesús como Salvador y Señor. ¡Qué esperanza hay en saber que cuando nuestras relaciones de familia aquí en la Tierra se terminen, la muerte sólo servirá para reunirnos otra vez, esta vez para toda la eternidad! Cada aspecto de mi vida ha sido enriquecido bajo la nueva gerencia de Jesucristo.

> *"Seguir a Jesucristo ha sido una experiencia de desafío, aventura y felicidad crecientes. Él vale la pena totalmente. Cuán verdaderas son Sus palabras: 'Yo he venido para que tengan vida, y para que la tengan en abundancia'".*
>
> Mark Hatfield, ex senador de los Estados Unidos por el Estado de Oregon

UNA INVITACIÓN PERSONAL

Clark Pinnock ha expresado de manera sucinta lo que he descubierto personalmente de la fe en el camino de mi vida.

Estoy convencido de que la fe tiene que hacer frente al asunto de la verdad y que el mensaje cristiano encaja con los hechos. Ésta no es una suposición que tiene que ser aceptada basándose en autoridad o en una verdad evidente que no necesita ningún argumento; es una afirmación de verdad sólida que puede ser puesta a prueba y verificada a través de la gama entera de la experiencia humana. Satisface nuestras necesidades existenciales, da sentido a nuestras intuiciones religiosas, se sostiene ante el escrutinio racional, corresponde a la evidencia histórica y habla a las necesidades morales de hoy...

Estar bajo el señorío de Cristo no es una desgracia o una humillación para ti. Es, más bien, la entrada a la vida abundante y una existencia realmente deseable.

Por lo tanto, te animo: abre tu corazón hacia Dios, confiesa tu fracaso de vivir una vida justa y santa y determínate a seguir al Señor Jesús. Actúa sobre la evidencia que se sostiene en frente tuyo y acepta la oferta salvadora que se te está extendiendo[30].

La Biblia dice que Jesús vino "para buscar y salvar lo que se había perdido"[31]. Jesús respeta tu voluntad. Él espera que lo invites, que hagas un compromiso de tu parte de pedirle a Él que te perdone y que tome el timón de tu vida. Nadie puede decirlo mejor que como Él lo hizo.

Vengan a Mí, todos ustedes que están cansados y agobiados, y yo les daré descanso. Carguen con Mi yugo y aprendan de Mí, pues soy apacible y humilde de corazón, y encontrarán descanso para sus almas. Porque Mi yugo es fácil y Mi carga es liviana[32].

El apóstol Pablo prometió que "si confiesas con tu boca que Jesús es el Señor y crees en tu corazón que Dios lo levantó de los muertos, serás salvo..."[33].
Estas promesas no significan gran cosa hasta que extiendes la mano y las tomas para ti. Si estás listo a establecer una relación con Dios, mediante la fe en Jesucristo, díselo a Él a través de una oración. Puedes usar esta simple oración si no estás seguro de qué decir:

Querido Dios, gracias por proporcionarnos evidencia de Tu existencia. Quiero conocer la realidad de una relación personal contigo. Reconozco que mi pecado me ha separado de ti. Me arrepiento, y, acepto a Jesucristo como mi Salvador y Señor. Creo que Él murió en mi lugar y que tú lo levantaste de los muertos. Por favor, dame el regalo del Espíritu Santo para que dirija mi vida y me capacite para entender y seguir Tu Palabra a partir de hoy. Gracias por hacerme Tu hijo espiritual y darme la seguridad de la vida eterna. Amén.

— Enfoque y Discusión —

1. Se ha dicho en el texto que la renuencia a admitir la propia identidad de uno como pecador es una fuerza disuasiva mayor que cualquier otro factor que nos impide reconocer la divinidad de Jesús. Por favor explica esto. ¿Puedes identificarte con esto personalmente?

2. ¿Cuáles son las dos preguntas que cada persona debe hacerse y contestarse francamente a lo largo de su camino hacia la fe? ¿Cómo se relacionan?

3. ¿Qué es "lo esencial" para que una persona se ponga en una relación correcta con Dios? ¿Por qué es el orgullo o la autosuficiencia una cosa tan difícil de tratar? ¿Es esta dificultad principalmente de naturaleza intelectual?

4. ¿Y qué si alguien te dice: "Llegar a ser cristiano es la cosa más fácil del mundo"? ¿Qué piensas que quiere decir con esto?

5. ¿Qué implica para la seguridad de la vida eterna de un cristiano el hecho de que la salvación es un regalo? ¿De qué depende?

Dando El Próximo Paso

¡Te felicito por terminar de leer *Sorprendido por la Fe*! Espero que haya sido útil en tu búsqueda de Dios, respondiendo a tus inquietudes acerca de la fe, o que haya fortalecido y hecho más profunda la fe que ya tenías. Cualquiera que haya sido el impacto en tu vida de *Sorprendido por la Fe*, me encantaría saberlo. Te invito a que te comuniques conmigo. Puedes escribirme, llenar la tarjeta que está en la parte posterior de este libro o enviarme unas líneas por correo electrónico; saber de ti me dará gran alegría.

He aceptado a Jesús y he asumido el compromiso de fe de seguirlo. ¿Qué más debo hacer?

Tu compromiso de seguir a Jesucristo es la decisión más importante de tu vida. Por lo tanto, te invito a dar el siguiente paso que fortalecerá tu vida espiritual. La Biblia dice:

"Y así como han confiado en Cristo para que les salve, confíen en Él, también, para los problemas de cada día... continúen ustedes creciendo en el Señor, y haciéndose fuertes y vigorosos..." (Colosenses 2:6-7, en paráfrasis).

Jesús nos hizo una promesa cuando dijo: "Yo he venido para que tengan vida, y la tengan en abundancia" (Juan 10:10). La diferencia entre una fe que está "más o menos" y la vida abundante que Jesús nos prometió, reside en construir nuestra relación con Dios mediante el estudio de Su Palabra, la Biblia. He escrito otro libro que te guiará en aquel proceso importante y apasionante.

Si has asumido por primera vez el compromiso de fe de confiar en Jesucristo y seguirlo como resultado de haber leído *Sorprendido por la Fe*, quisiera enviarte GRATIS lecciones bíblicas de mi libro, *Una Fe Que Crece*. Puedes usar la tarjeta al final de este libro o cualquiera de las opciones de comunicación que indico más adelante. Te ruego que me envíes tu nombre, dirección postal, teléfono, correo electrónico, y que me indiques tu edad: 13 o menos, 14-18, 19-39, 40-59, 60+.

Para recibir lecciones bíblicas gratuitas de *Una Fe Que Crece*, para solicitar consejo o expresar tus comentarios puedes escribirme a:

Dr. Donald Bierle, **FaithSearch**,105 Peavey Road, Suite 200, Chaska, MN 55318 Estados Unidos

Correo electrónico: splf@faithsearch.org
Página web: www.faithsearch.org
Teléfono: 952-401-4501

¿Y si tengo más preguntas o sugerencias?

Por otra parte, puede que hayas leído este libro y todavía tengas preguntas. Tal vez tengas objeciones o desees enviarme tu evaluación acerca del contenido. Cualquiera sea el caso, te invito a hacerme llegar tus preguntas o comentarios. El tema de Jesucristo es lo suficientemente importante como para que demos otro paso más en tratar de resolver toda pregunta, objeción o duda que te pueda haber quedado. Puedes usar la tarjeta detrás del libro, escribirme, llamarme por teléfono o enviarme un correo electrónico, según te sea más conveniente. ¡Quedo a la espera de noticias tuyas!

Eventos y Recursos
EVENTOS *por el doctor Donald Bierle*

El doctor Donald Bierle presenta los siguientes programas y conferencias en los Estados Unidos y a nivel internacional. Te invitamos a ponerte en contacto con nosotros para obtener información adicional y coordinar la disponibilidad de tiempo del doctor Bierle y de su equipo.

Encuentros de Fe de FaithSearch: Descubriendo el ¡Ajá! de la Vida

Los *Encuentros de Fe* de *FaithSearch* presentan la evidencia para creer en la persona histórica de Jesucristo, en forma impresionantemente lógica e inspiradora. Teniendo como base el libro del doctor Bierle *Sorprendido por la Fe*, esta presentación, dinámica y vivaz, es para todos los que se preguntan si creer o no creer, y para todos los que quieren estar seguros de las razones de su fe. Los *Encuentros de Fe* de *FaithSearch* han desafiado, inspirado y cambiado maravillosamente a cientos de miles de personas, al proveer respuestas satisfactorias a las preguntas más importantes de la vida

- ¿Por qué estoy aquí?
- ¿Es Jesús realmente Dios?
- ¿Cómo puedo conocer a Dios?
- ¿Puedo creer en la Biblia?
- ¿Puede ser razonable la fe?

El Origen: Seminario de Creación y Evolución de FaithSearch

Donald A. Bierle, doctor en Biología, utiliza la evidencia científica disponible en la actualidad para desenredar la controversia entre creación, evolución y el significado de vida. Su énfasis en el poderoso concepto del diseño inteligente es un gran aporte en este terreno tan polémico. Estimulante y desafiante, *El Origen: Seminario de Creación y Evolución* de *FaithSearch* es ideal para estudiantes, profesores, pastores y padres de familia.

El Destino: *Descubriendo la Vida después de la Muerte,* un seminario de *FaithSearch*

Usando la lógica y las evidencias bíblicas e históricas, *El Destino* de *FaithSearch* separa la verdad de la ficción acerca de la vida después de la muerte. Esta persuasiva presentación cubre los temas críticos sobre la existencia de Dios, las afirmaciones de la reencarnación, las pruebas históricas de la resurrección de Jesús, las profecías ya cumplidas y el fin del mundo. *El Destino: Descubriendo la Vida después de la Muerte* proporciona las respuestas a preguntas que cada persona debe resolver sobre el curso de su propia vida... y muerte.

Para aprender más sobre los eventos y recursos del doctor Bierle y su equipo, llámanos o escríbenos:
FaithSearch 105 Peavey Road, Suite 200, Chaska, MN 55318, Estados Unidos
Teléfono: 952-401-4501 o 1-800-964-1447
Correo electrónico: info@faithsearch.org
O visita nuestra página web: www.faithsearch.org

Recursos adicionales por el doctor Donald Bierle*
Plan de Estudios de *FaithSearch*

FaithSearch Audio y Video

Ahora puedes tener un Encuentro de Fe de *FaithSearch* en Vivo disponible en cualquier momento. Capturando fielmente el evento, estas cintas fueron producidas profesionalmente ante una audiencia en vivo. Son ideales para verlas o escucharlas en casa o en la iglesia, en grupos pequeños o grandes, para adultos o jóvenes y para el estudio privado. Puedes sacarle mayor provecho a las conferencias utilizando el texto *Sorprendido por la Fe* y la *Guía de Estudio* de *FaithSearch*. (Disponible como una serie de cinco cintas de video, cintas de video individuales o series de casetes de audio o discos compactos).

La Guía de Estudio de *FaithSearch*

La Guía de Estudio de *FaithSearch* es la compañera perfecta de un Encuentro de Fe de *FaithSearch* en Vivo. *La Guía* cubre el contenido completo de las presentaciones en vivo o en video, incluyendo muchas preguntas que hacen pensar (y sus respuestas). También trae material complementario y sugerencias para el estudio adicional. *La Guía de Estudio* no es solamente un cuaderno de ejercicios de las conferencias de los Encuentros de Fe de *FaithSearch*, la *Guía* ofrece también artículos, breves pero profundos, dirigidos a absolver las preguntas más frecuentes. *La Guía* viene con consejos para el líder y sugerencias para conducir un grupo pequeño utilizando el video, las cintas de audio y materiales de texto de *FaithSearch*.

FaithSearch: Para Jóvenes

Este cuaderno de ejercicios presenta al Encuentro de Fe de *FaithSearch* pensando en las personas más jóvenes. Se presenta Encuentro de Fe en forma interactiva, siguiendo series dinámicas de preguntas y respuestas. Este instrumento de estudio único constituye un viaje virtual por el Nuevo Testamento, para descubrir lo que los testigos de Jesús vieron y oyeron.

El Origen de *FaithSearch*: Seminario de Creación y Evolución

El doctor Donald Bierle, científico y anteriormente escéptico, ha desarrollado este valioso recurso que captura el contenido del popular *Seminario de Creación y Evolución* de *FaithSearch*. El *Seminario de Creación y Evolución* es mucho más que meros apuntes que acompañan a la presentación. El texto está lleno de valiosos puntos de vista e información científica actualizada. Incluye referencias a libros y páginas de Internet, útiles para continuar con la lectura e investigación.

El Destino: *Descubriendo la Vida después de la Muerte,* un seminario de *FaithSearch*

Diseñado para ayudar a sacarle el máximo provecho al seminario *El Destino* de *FaithSearch*, el doctor Bierle ha escrito *Descubriendo la Vida después de la Muerte.* Esta publicación es fácil de seguir e incluye una riqueza de referencias de la Escritura para el estudio personal. Como la presentación en vivo, explica y presenta el camino hacia una relación personal con Dios y la base para la seguridad de tener vida eterna después de la muerte.

Descubriendo de *FaithSearch*: *Una Fe Que Crece*

Este manual de discipulado contiene ocho lecciones amenas y fáciles de seguir que ayudan al nuevo creyente a crecer sólidamente en la verdad de la Palabra de Dios, la Biblia. Cada lección es intelectual y espiritualmente provocativa, y guía al usuario a través de lecturas seleccionadas y pasajes importantes de la Escritura que lo ayudan a entender lo que Dios ha hecho y hará en su vida. *Una Fe Que Crece* incluye lecturas diarias de la Biblia y presenta preguntas claves, así como recursos para ampliar y profundizar tu entendimiento de la fe cristiana, especialmente en asuntos como el Espíritu Santo, cómo vencer la duda y la tentación, aprendiendo a orar, y la importancia de participar en una iglesia. (*La Guía del Líder* también está disponible.)

Compartiendo Nuestra Fe de *FaithSearch*: *Entre Amigos*

Con *Entre Amigos* (y próximamente *Entre Amigas* para damas) todos tenemos una excelente herramienta de evangelismo y discipulado muy distinta a la naturaleza fría e impersonal de algunos enfoques tradicionales. Esto ayuda a cada cristiano a ejercer liderazgo en su círculo de influencia. El evento (tanto en presentación en vivo como el video) presenta los principios fundamentales para el evangelismo y discipulado exitoso para la iglesia entera, usando los otros eventos y recursos de *FaithSearch*. (También disponibles: *Serie de Video Entre Amigos, Manual del Estudiante,* y, la *Guía del Líder.*)

*A la fecha de publicación de la primera edición de *Sorprendido por la Fe* (Mayo de 2005), estos materiales se encuentran disponibles solo en Inglés.

BIBLIOGRAFÍA

Esta bibliografía es sólo una selección de recursos a los cuales el lector interesado se puede referir para obtener información adicional acerca de los asuntos mencionados en este libro. A aquellos que están buscando más detalle sobre referencias específicas en el texto, les rogamos que consulten las notas a pie de página en cada capítulo. Estas notas identifican las fuentes usadas y números de página.

En el caso de que una obra haya sido traducida al español, damos el título y datos de la editorial de la versión en castellano entre paréntesis, incluyendo la página web si estuviere disponible. En la búsqueda de libros traducidos al español nos han sido especialmente útiles las páginas web de Editorial CLIE (www.clie.es), para libros de autores cristianos, y de Unilibro (www.unilibro.es), para temas de humanidades y ciencia. Lamentamos que sean pocas las obras que se han traducido y les rogamos que nos informen de otros libros que estén disponibles en español sobre los temas que cubre *Sorprendido por la Fe*.

LIBROS

Archer, Gleason L. *Encyclopedia of Bible Difficulties*. Grand Rapids: Zondervan, 1982.

Barnett, Paul. *Is the New Testament Reliable?* Downers Grove, IL: InterVarsity Press, 1986.

Blaiklock, E.M. y R.K. Harrison, eds. *The New International Dictionary of Biblical Archaeology*. Grand Rapids: Zondervan, 1983.

Blomberg, Craig. *The Historical Reliability of the Gospels*. Downers Grove, IL: InterVarsity Press, 1987.

Bowman, Robert, Jr. *Why You Should Believe in the Trinity*. Grand Rapids: Baker, 1989.

Boyd, Gregory y Edward Boyd. *Letters From A Skeptic*. Wheaton, IL: Victor, 1994.

Bruce, F.F. *Jesus and Christian Origins Outside the New Testament*. Grand Rapids: Eerdmans, 1974.

Bruce, F.F. *The Canon of Scripture*. Downers Grove, IL: InterVarsity Press, 1988. (*El Canon de la Escritura*. Terrasa, España: Editorial CLIE, www.clie.es).

Bruce, F.F. *The New Testament Documents: Are They Reliable?* Downers Grove, IL: InterVarsity Press, 1990. (*¿Son Fidedignos los Documentos del Nuevo Testamento?* Terrasa, España: Editorial CLIE, www.clie.es).

Comfort, Philip W. ed. *The Origin of the Bible.* Wheaton, IL: Tyndale House, 1992.

Craig, William Lane. *Knowing the Truth about the Resurrection.* Ann Arbor, MI: Servant Books, 1988.

Craig, William Lane. *The Son Rises: Historical Evidence for the Resurrection of Jesus.* Chicago: Moody Press, 1981.

Geisler, Norman y Ron Brooks. *When Skeptics Ask: A Handbook on Christian Evidences.* Wheaton, IL: Victor, 1990. (*Apologética: Un Manual de Evidencias Cristianas.* Editorial Unilit, 1998, www.editorial unilit.com).

Geisler, Norman y Thomas Howe. *When Critics Ask: A Popular Handbook of Bible Difficulties.* Wheaton, IL: Victor, 1992.

Geisler, Norman y William Nix. *A General Introduction to the Bible.* Chicago: Moody Press, 1986.

Geivett, R. Douglas y Gary Habermas, eds. *In Defense of Miracles.* Downers Grove, IL: InterVarsity Press, 1997.

Green, Michael. *Who Is This Jesus?* Nashville: Nelson, 1992. (*¿Quién Es Este Jesús?* Editorial Caribe, www.caribebetania.com).

Groothuis, Douglas. *Jesus in an Age of Controversy.* Eugene, OR: Harvest House, 1996.

Groothuis, Douglas. *Revealing the New Age Jesus.* Downers Grove, IL: InterVarsity Press, 1990.

Habermas, Gary. *Ancient Evidence for the Life of Jesus.* Nashville: Nelson, 1984.

Habermas, Gary y Antony Flew. *Did Jesus Rise From the Dead?* The Resurrection Debate. San Francisco: Harper & Row, 1987.

Kaiser, Walter, Jr. *Hard Sayings of the Bible.* Downers Grove, IL: InterVarsity Press, 1997.

McDowell, Josh y Bill Wilson. *He Walked Among Us.* Nashville: Nelson, 1994. (*Él Anduvo con Nosotros: Evidencias del Cristo Histórico.* Editorial Unilit, www.editorialunilit.com).

McRay, John. *Archaeology and the New Testament*. Grand Rapids: Baker, 1991.

Nash, Ronald. *Is Jesus the Only Savior?* Grand Rapids: Zondervan, 1994.

Neill, Stephen. *Christian Faith & Other Faiths*. Downers Grove, IL: InterVarsity Press, 1984.

Price, Randall. *The Stones Cry Out*. Eugene, OR: Harvest House, 1997. (*Las Piedras Gritan*. Editorial Unilit, www.editorialunilit.com).

Sanders, John. *What About Those Who Have Never Heard?* Downers Grove, IL: InterVarsity Press, 1995.

Schaeffer, Francis. *Escape From Reason*. Downers Grove, IL: InterVarsity Press, 1968. Capítulo 7.

Schaeffer, Francis. *The God Who Is There*. Downers Grove, IL: InterVarsity Press, 1968. Sección I, capítulos 1, 5; sección II, capítulos 1, 2 y 5; secciones III, IV y V.

Schaeffer, Francis. *He Is There and He Is Not Silent*. Wheaton, IL: Tyndale House, 1972. (*Dios Está Presente y No Está Callado*. Logoi).

Stevenson, Kenneth y Gary Habermas. *The Shroud and the Controversy*. Nashville: Nelson, 1990.

Strobel, Lee. *The Case for Christ*. Grand Rapids: Zondervan, 1998.

Strobel, Lee. *The Case for Faith*. Grand Rapids: Zondervan, 2000.

Wilkins, Michael J. y J.P. Moreland, eds. *Jesus under Fire*. Grand Rapids: Zondervan, 1995. (*Jesús Bajo Sospecha: Una Respuesta a los Ataques Contra el Jesús Histórico*. Terrasa, España: Editorial CLIE, 2003, www.clie.es).

ARTÍCULOS

Fine, Steven. "Why Bone Boxes?", *Biblical Archaeology Review* 27 (set./oct., 2001).

Greenhut, Zvi. "Burial Cave of the Caiaphas Family", *Biblical Archaeology Review* 18 (set./oct., 1992).

Lemaire, Andre. "Burial Box of James the Brother of Jesus", *Biblical Archaeology Review* V. 28 No. 6 (nov./dic., 2002).

Lemonick, Michael D. "Are the Bible's Stories True?", *Time* 146 (18 de diciembre, 1995):62-70.

Shanks, Hershel ed. "New Analysis of the Crucified Man", *Biblical Archaeology Review* 11 (nov./dic., 1985).

Tzaferis, Vassilios "Crucifixion—The Archaeological Evidence", *Biblical Archaeology Review* 9 (ene./feb., 1985).

REVISTAS ESPECIALIZADAS

Biblical Archaeology Review. P.O. Box 7026; Red Oak, IA 51591. Publicación trimestral.

Biblical Illustrator. Customer Service, One LifeWay Plaza, Nashville, TN 37234. Publicación trimestral.

Christian Research Journal. P.O. Box 500; San Juan Capistrano, CA 92693. Publicación trimestral.

Notas

Capítulo 1: ¿Por Qué Estoy Aquí?

1. Clark Pinnock. *A Case for Faith* (Minneapolis: Bethany, 1980), p. 24.

2. John Lennon y Paul McCartney. "Nowhere Man" (Northern Songs Ltd., 1965), grabada en el disco *Rubber Soul*. ("Alma de Jebe"). Puede que algunos recuerden el éxito en versión original:

    > *He's a real nowhere man*
    > *Sitting in his nowhere land*
    > *Making all his nowhere plans for nobody.*
    >
    > *Doesn't have a point of view,*
    > *Knows not where he is going to-*
    > *Isn't he a bit like you and me?*

3. Michael Cassidy, *Christianity for the Open-Minded* (Downers Grove, IL: InterVarsity Press, 1978), p. 12.

4. Un ecologista podría sugerir que el pasto encuentra sentido en regresar al suelo en un ciclo natural de nutrientes. Pero esto necesita de la muerte, el sacrificio del organismo individual, para una causa superior aún no demostrada. Aquí nos interesa de dónde han venido las leyes naturales y qué sentido tienen más allá de una existencia finita.

5. Pinnock, p. 34.

6. Paul Little, *Know Why You Believe* (Downers Grove, IL: InterVarsity, 1988), p. 15.

7. Francis A. Schaeffer, *The Complete Works of Francis A. Schaeffer: A Christian Worldview*, vol. 1: A Christian View of Philosophy and Culture (Westchester, IL: Crossway Books, 1982), pp. 101 y ss.

8. Michael D. Lemonick, "Are the Bible's Stories True?", *Time* 146 (18 de diciembre, 1995):62-70.

Capítulo 2: ¿Es Veraz la Biblia?

1. Para esta evidencia, véase F.F. Bruce, *Jesus and Christian Origins Outside the New Testament* (Grand Rapids, MI: Eerdmans, 1974); y Gary R. Habermas, *Ancient Evidence for the Life of Jesus* (Nashville, TN: Thomas Nelson, 1984).
2. Lee Strobel, *The Case for Christ* (Grand Rapids, MI: Zondervan, 1998), p. 81.
3. Tomado de la columna de Ann Landers en el diario *Star and Tribune* de Minneapolis / St. Paul. Se desconoce la fecha.
4. Julius Caesar, *The Gallic Wars*, (Norwalk, CT: Easton Press, 1983). (Julio César, *Guerra de las Galias*. Madrid: Editorial Gredos, www.editorialgredos.com).
5. Véanse las siguientes fuentes de información acerca del número de los distintos manuscritos: Bruce Metzger, *Chapters in the History of New Testament Textual Criticism* (Grand Rapids, MI: Eerdmans, 1963), pp. 144-151; F.F. Bruce, *The New Testament Documents: Are They Reliable?* (Grand Rapids, MI: Eerdmans, 1990), pp. 14-15 (obra traducida al español con el título *¿Son Fidedignos los Documentos del Nuevo Testamento?* Terrasa, España: Editorial CLIE, www.clie.es); y, Norman Geisler y William Nix, *A General Introduction to the Bible* (Chicago: Moody Press, 1986), pp. 385-408.
6. Bruce Metzger, tal como es citado por Strobel, p. 63.
7. F.F. Bruce, *The Books and the Parchments* (Westwood, NJ: Fleming H. Revell, 1963), p. 178.
8. Frederic Kenyon, *Our Bible and the Ancient Manuscripts* (Nueva York: Harper & Brothers, 1941), p. 23.
9. Harold J. Greenlee, *Introduction to New Testament Textual Criticism*, edición revisada (Peabody, MA: Hendrickson Publishers, 1999), p. 6.
10. Josh McDowell, ed., *Evidence that Demands a Verdict*, edición revisada (San Bernardino, CA: Here's Life Publishers, 1979), pp. 41-42. (*Evidencia que Exige un Veredicto*, Grand Rapids, MI: Editorial Vida, www.zondervan.com/vida).
11. Philip Comfort, "Texts and Manuscripts of the New Testament", en *The Origin of the Bible*, Philip Comfort, ed. (Wheaton, IL: Tyndale House Publishers, 1992), pp. 179, 193.
12. Paul Barnett, *Is the New Testament Reliable? A Look at the Historical Evidence* (Downers Grove, IL: InterVarsity Press, 1986), p. 39.

13. David Van Biema, "The Gospel Truth?", *Time* 147 (8 de abril, 1996): 52-60.

14. Comfort, p. 180.

15. Frederic Kenyon, *The Bible and Modern Scholarship* (Londres: John Murray, 1948), p. 20.

16. Bruce, *The New Testament Documents: Are They Reliable?*, p. 15. (*¿Son Fidedignos los Documentos del Nuevo Testamento?* Terrasa, España: Editorial CLIE, www.clie.es).

17. Metzger, *Chapters in the History of New Testament Textual Criticism*, pp. 144-151.

18. Geisler y Nix, p. 475.

19. Bruce, *The New Testament Documents: Are They Reliable?*, pp. 19-20. (*¿Son Fidedignos los Documentos del Nuevo Testamento?* Terrasa, España: Editorial CLIE, www.clie.es).

20. Geisler y Nix, p. 431.

21. Bruce Metzger, *The Text of the New Testament: Its Transmission, Corruption, and Restoration*, (Nueva York: Oxford University Press, 1992), p. 86.

22. Kenyon, *Our Bible and the Ancient Manuscripts*, p. 23.

23. Frederic Kenyon, *The Bible and Archaeology* (Nueva York: Harper & Brothers, 1940), pp. 288 y ss.

24. Lucas 3:1-2a.

25. Bruce, *The New Testament Documents: Are They Reliable?*, p. 82. (*¿Son Fidedignos los Documentos del Nuevo Testamento?* Terrasa, España: Editorial CLIE, www.clie.es).

26. David Van Biema, "The Brother of Jesus?", *Time* 160, (4 de noviembre, 2002):70.

27. Andre Lemaire, "Burial Box of James the Brother of Jesus", *Biblical Archaeology Review* 28 (nov./dic., 2002):24-33.

28. Mateo 13:55 En dicho texto se menciona por nombre a Jacobo y a los demás hermanos de Jesús (José, Simón y Judas). Véase también

Marcos 6:3. El nombre español Santiago es derivado de Saint Jacob, o San Jacobo. Los eruditos afirman que el autor de la epístola de Santiago es la misma persona que Jacobo, el hijo de José y hermano de Jesús.

29. Gálatas 2:9; Hechos 21:18.

30. Hershel Shanks, "Cracks in James Bone Box Repaired", *Biblical Archaeology Review* 29 (ene./feb., 2003):20-25.

31. Joe Nickell, "Bone (Box) of Contention: The James Ossuary", *Skeptical Inquirer* (marzo/abril, 2003):19-22.

32. Véase Flavio Josefo, *Antiquities of the Jews* (Grand Rapids, MI: AP&A), libro XVIII, capítulo 3, párrafo 3, p. 379 (obra traducida al español bajo el título *Antigüedades de los Judíos* (Terrasa, España: Editorial CLIE. www.clie.es)); y Bruce, *Jesus and Christian Origins Outside the New Testament*, p. 22.

33. Robert Bull, "Caesarea Maritima — The Search for Herod's City", *Biblical Archaeology Review* 8 (mayo/junio, 1982):24-41.

34. Lucas 3:1-2.

35. Zvi Greenhut, "Burial Cave of the Caiaphas Family", *Biblical Archaeology Review* 18 (set./oct., 1992):28-36.

36. C.A. Evans, "Caiaphas Ossuary", en S.E. Porter y C.A. Evans, *Dictionary of New Testament Background. A compendium of contemporary biblical scholarship*, edición electrónica (Downers Grove, IL: InterVarsity, 2000).

37. Lucas 2:1-2.

38. Randall Price, *The Stones Cry Out: What Archaeology Reveals About the Bible* (Eugene, OR: Harvest House, 1997), p. 299 (*Las Piedras Gritan*. Editorial Unilit, www.editorialunilit.com).

39. Lucas 3:23.

40. Price, p. 299.

41. Véanse ambos Paul L. Maier, *First Christmas* (San Francisco: Harper & Row, 1971), pp. 15-22; y Habermas, *Ancient Evidence for the Life of Jesus*, pp. 152-53.

42. J.R. McRay, "Archaeology and the New Testament: 4. Jesus and His World", y B. Chilton y E. Yamauchi, "Synagogues: 4. Remains of Buildings", en Porter y Evans.

43. Lucas 7:1-5.

44. McRay, "Archaeology and the New Testament: 4. Jesus and His World", en Porter y Evans.

45. Lucas 2:22.

46. Juan 5:1-5.

47. Juan 9:1-12.

48. Lucas 8:26-33. Véase también McRay, "Archaeology and the New Testament: 4. Jesus and His World", en Porter y Evans.

49. Vassilios Tzaferis, "Crucifixion—The Archaeological Evidence", *Biblical Archaeology Review* 9 (ene./feb. 1985):44-53.

50. Hershel Shanks, ed., "New Analysis of the Crucified Man", *Biblical Archaeology Review* 11 (nov./dic., 1985):20-21.

51. Tzaferis, p. 52.

52. Juan 19:32-33.

53. Tzaferis, p. 53. Zias y Sekeles, luego publicaron su opinión aduciendo que en el caso de esta víctima de crucifixión, los huesos de la pierna bien pudieron haber sido quebrados luego de la muerte, en vez de un *golpe de gracia final*. Veáse "The Crucified Man from Giv'at ha-Mivtar: A Reappraisal", *Israel Exploration Journal*, vol. 35, No. 1 (1985), pp. 22-27.

54. Hechos de los Apóstoles 17:6. El término "politarcas" es una transliteración del griego original y es usualmente traducido al español como "las autoridades de la ciudad" en varias versiones del Nuevo Testamento.

55. McRay, "Archaeology and the New Testament: 5. The World of the Early Church", en Porter y Evans.

56. Bruce, *The New Testament Documents: Are They Reliable?*, p. 82. (¿*Son Fidedignos los Documentos del Nuevo Testamento?* Terrasa, España: Editorial CLIE, www.clie.es).

57. William M. Ramsay, *The Bearing of Recent Discovery on the Trustworthiness of the New Testament* (Grand Rapids, MI: Baker Book House, reimpresión de 1979), pp. 81, 222.

58. W.F. Albright, *The Archaeology of Palestine*, edición revisada. (Baltimore: Pelican Books, 1960), pp. 127f. (*Arqueología de Palestina*. Barcelona: Ediciones Garriga).

59. Millar Burrows, *What Mean These Stones?* (Nueva York: Meridian Books, 1956), p. 1.

60. Nelson Glueck, *Rivers in the Desert: A history of the Negev* (Filadelfia: Jewish Publications Society of America, 1969), p. 31.

61. Kenyon, *The Bible and Archaeology*, p. 279.

62. K.A. Kitchen, *The Bible in its World* (Downers Grove, IL: InterVarsity Press, 1977), p. 132.

63. Hechos de los Apóstoles 2:22-23, 32-33.

64. Hechos de los Apóstoles 2:41.

65. Hechos de los Apóstoles 26:26.

66. Bruce, *The New Testament Documents: Are They Reliable?*, p. 46. (*¿Son Fidedignos los Documentos del Nuevo Testamento?* Terrasa, España: Editorial CLIE, www.clie.es).

67. La refutación de Julius Muller a la teoría de D. F. Strauss de que los relatos del Evangelio son meras leyendas, nunca ha sido respondida: "En forma tajante debe requerirse un intervalo de tiempo considerable para una transformación completa de toda una historia por tradición popular, cuando las series de leyendas se han formado en el mismo territorio en el cual los héroes vivieron en verdad. Aquí uno no puede imaginarse cómo podría surgir una de estas series de leyendas en una época histórica, obtener respeto universal, y suplantar la recolección histórica verdadera y conectada a la vida de los héroes en las mentes de la comunidad, si los testigos presenciales estuvieran todavía a la mano, quienes podrían ser interrogados en torno a las maravillas registradas. Por lo tanto, a la ficción literaria, como no le gusta el claro tiempo presente, sino que prefiere la misteriosa tiniebla de la antigüedad gris, es dada a buscar la fecha remota, junto con la distancia en la ubicación, y de trasladar sus creaciones más

audaces, más raras y más maravillosas a una tierra muy distante y desconocida". Julius Muller, *The Theory of Myths, in its Application to the Gospel History, Examined and Confuted* (Londres: John Chapman, 1844), p. 26; en William Craig, *The Son Rises* (Chicago: Moody Press, 1981), p. 101.

68. A.N. Sherwin-White, *Roman Society and Roman Law in the New Testament*, (Oxford: Clarendon Press, 1963), p. 190.

69. A.N. Sherwin-White, citado en Pinnock, p. 77.

70. Bruce, *The New Testament Documents: Are They Reliable?*, p. 88. (*¿Son Fidedignos los Documentos del Nuevo Testamento?* Terrasa, España: Editorial CLIE, www.clie.es).

71. Sidney Collett, *All About the Bible* (Nueva York: Revell, 1934), pp. 62-63.

72. Sherwin-White, p. 189.

73. William Ramsay, tal como es citado en Norman Geisler y Thomas Howe, *When Critics Ask. A Popular Handbook on Bible Difficulties* (Wheaton, IL: Victor Books, 1992), p. 385.

74. C.S. Lewis, *Surprised by Joy* (Londres: Collins, 1955), pp. 178f, 182, 187f. (*Cautivado por la Alegría*, Madrid: Ediciones Encuentro. www.ediciones-encuentro.es).

75. Frank Morison, *Who Moved the Stone?* (Grand Rapids Zondervan, 1977, reimpresión de 1977), pp. 8-12.

Capítulo 3: ¿Es Jesús Realmente Dios?

1. Lucas 2:52.

2. Véase Lucas 4:14-30.

3. Isaías 61:1-2.

4. Podría argüirse que la afirmación de Jesús de ser el Mesías no necesariamente era una afirmación de divinidad. Pero, en vista de Su desafío en Mateo 22:41-46, Su intención era sin lugar a dudas una afirmación de ser Dios también. En Lucas 4:18-19, Jesús citó a Isaías 61:1-2. De acuerdo con el mismo libro del Antiguo

Testamento (9:6), el Mesías sería llamado "Dios Fuerte, Padre Eterno". La decidida familiaridad de Jesús con este último pasaje significaría que Su afirmación de ser el Mesías era también una afirmación de ser Dios.

5. Juan 4:25-26; Marcos 8:27-30.

6. Véase Mateo 22:41-46.

7. R.V.G. Tasker, *The Gospel According to St. Matthew* (Grand Rapids, MI: Eerdmans, 1978), p. 213. En *Tyndale New Testament Commentaries*.

8. Véase Juan 8:53-59.

9. Véase Éxodo 3:14.

10. Véase Juan 10:22-33.

11. Véase Juan 8:23-24.

12. Véase Juan 5:21; 10:27-28; 11:25-26.

13. Véase Mateo 28:18.

14. Juan 19:7.

15. John W. Montgomery, *History and Christianity* (Minneapolis: Bethany, 1965), p. 63.

16. Véase Lucas 5:17-26.

17. Lucas 5:24-26.

18. Juan 9:1-3.

19. Basado en la respuesta de Jesús a dos tragedias contemporáneas registradas en Lucas 13:1-5, esto es, el asesinato de unos galileos perpetuado por Pilato y la muerte accidental de 18 personas cuando una torre cayó sobre ellos, es claro que Él no enseñó que todas las desgracias que ocurren en la vida son resultado de nuestro pecado personal. Él sí dijo, sin embargo, que el pecado es tan serio que causa la muerte. Ya que todos hemos pecado, Él dijo que estamos en la necesidad de arrepentirnos para ser salvados de la muerte.

20. Lucas 7:11-16.

21. Véase Lucas 8:22-25.
22. Mateo 7:28-29. Véanse también ejemplos en Juan 4:14; 8:12; y 11:25.
23. Juan 10:37-38.
24. Véanse Lucas 4:1-13; Mateo 14:33; 28:17; y, Juan 9:38.
25. Compárese Mateo 4:10 con Deuteronomio 6:13.
26. Compárese Mateo 21:15-16 con Salmos 8:2.
27. Véanse Lucas 4:33-36 y Mateo 12:24.
28. Juan 8:46.
29. Juan 14:6.
30. Véanse Marcos 10:45 con Salmos 49:7-9.
31. Lucas 9:20.
32. Jon A. Buell y O. Quentin Hyder, *Jesus: God, Ghost or Guru?* (Grand Rapids, MI: Zondervan, 1978), p. 102.
33. Por ejemplo, véase Mateo 16:21; 17:9; 26:32.
34. Juan 2:19.
35. Michael Green, *Man Alive* (Downers Grove, IL: InterVarsity Press, 1968) (*¡Jesucristo vive hoy!* Buenos Aires: Ediciones Certeza), pp. 53-54, tal como es citado en McDowell, p. 193-194.
36. Lucas 24:11.
37. Juan 19:39-40.
38. Juan 20:4-8.
39. Juan 20:24-29.
40. Mateo 28:11-15.
41. Paul L. Maier, *First Easter* (San Francisco: Harper and Row, 1973), p. 120.
42. 1 Corintios 15:5-6.

43. C.H. Dodd, "The Appearances of the Risen Christ: A Study in the Form Criticism of the Gospels", en *More New Testament Studies* (Manchester: U. of Manchester Press, 1968), p. 128.

44. Lucas 24:39.

45. Lucas 24:41-43.

46. Véanse Juan 7:5, 1 Corintios 15:7 y Hechos de los Apóstoles 15:13.

47. Para el testimonio del apóstol Pablo, véase Hechos de los apóstoles 9:1-22.

48. Véanse Mateo 26:56, 69-75; Juan 20:19.

49. Gary Habermas, *The Resurrection of Jesus* (Nueva York: University Press of America, 1984), p. 39.

50. J.N.D. Anderson, *The Evidence for the Resurrection* (Downers Grove, IL: InterVarsity Press, 1966), pp. 3-4.

51. C.S. Lewis, *Mere Christianity* (Nueva York: Macmillan, 1952), pp. 55-56. (*Mero Cristianismo*. Madrid: Ediciones Rialp, www.rialp.com; también ha sido publicado por Editoriales Caribe y Betania con el título *Cristianismo... ¡y nada más!*).

52. Edwin Yamauchi, tal como es citado en Strobel, p. 90.

53. Juan 11:25-26.

Capítulo 4: ¿Puede Ser Razonable la Fe?

1. Romanos 10:13-17.

2. J.B. Phillips, *The New Testament in Modern English* (Nueva York: Macmillan, 1958), Romanos 10:17.

3. Véase 1 Corintios 15:12-19.

4. Hechos de los Apóstoles 4:12.

5. Romanos 10:16-21.

6. Mateo 21:28-32.

7. Santiago 2:17.

8. Lucas 6:46-49.
9. Para el relato de Abraham, véase Génesis 15:1-6 y 22:1-19.
10. Génesis 22:2.
11. Hebreos 11:17-19.
12. Para evidencia concerniente a esta identificación, véane 2 Crónicas 3:1; 1 Crónicas 21:15-30; El Libro de los Jubileos 18:13; Josefo (Antigüedades I. xii. 1; VII. xiii. 4).
13. Juan 1:29.
14. Gálatas 3:6-9.
15. Véase Romanos 4:16-25.
16. Juan 7:37-39.
17. Juan 14:15-17, 23.
18. 1 Corintios 6:19.
19. Efesios 1:13-14.
20. Juan 3:1-18.
21. Bertrand Russell, A History of Western Philosophy (Nueva York: Simon and Schuster, 1945). (Historia de la Filosofía Occidental. Madrid: Espasa-Calpe, www.espasa.com).
22. Marcos 7:20-23
23. G.K. Chesterton, Orthodoxy (Wheaton, IL: H. Shaw Publishers, 1994), p. 11. (Ortodoxia. Barcelona: Alta Fulla Editorial, www.altafulla.com).
24. Efesios 2:8-9.
25. Romanos 3:10-11.
26. Juan 6:44.
27. Tito 3:3-7.
28. J. Gresham Machen, The Christian Faith in the Modern World (Nueva

York: The Macmillan Company, 1936). (Cristianismo y Cultura. Barcelona: Felire, www.felire.com).

29. Filipenses 2:13.
30. 1 Juan 5:11-13.
31. Juan 3:16-18; 5:24; 6:40.
32. Romanos 6:23.
33. McDowell, pp. 327-28.
34. Juan 14:1-3.
35. Véase Juan 5:21-29 y 12:48.
36. Romanos 8:1-2

Capítulo 5: ¿Dónde Estoy?

1. Elizabeth Elliot, *Through Gates of Splendor* (Nueva York: Harper, 1957). *Portales de Esplendor* (Editorial Portavoz, www.claramente.com).
2. Efesios 4:18.
3. 1 Timoteo 1:13.
4. Véanse ejemplos en Mateo 16:21; Marcos 9:31; 10:32-34; Juan 2:19-22.
5. Juan 20:24-29.
6. Véase Números 13 y 14.
7. Números 14:11.
8. Véase Lucas 7:2-10.
9. Lo dicho sobre Noé está basado en Génesis 6-8.
10. Hebreos 11:7.
11. 1 Pedro 3:18.
12. Romanos 10:9.

13. Juan 1:12.
14. C. S. Lewis, *The Screwtape Letters* (West Chicago: Lord and King Associates, 1976), p. 51. (*Cartas del Diablo a Su Sobrino*. Madrid: Ediciones Rialp. www.rialp.com)
15. Véanse Juan 10:17-18, Marcos 10:45 y Mateo 26:53.
16. Véase Mateo 26:47-56 y 27:38-54.
17. Juan 10:10.
18. Juan 14:1-3.
19. Véase 2 Pedro 3:3-13.

Capítulo 6: ¿Cómo Puedo Conocer a Dios?

1. Citas tomadas de la revista *Sports Spectrum*, usadas con permiso: Art Stricklin, "The Transformation", (marzo 2000):17,19; y Paul Azinger, "Only God Changes Hearts", (marzo 2000):20,21.
2. Lucas 5:1-11.
3. En Juan 20:28, Tomás da una respuesta similar, usando la misma palabra griega "kurios".
4. Lucas 5:31-32.
5. Para información de trasfondo sobre Juan el Bautista, véanse Marcos 1:1-8; 6:14-32; Lucas 1:13-17; 3:1-20.
6. Juan 1:26-30.
7. Juan 3:26-30.
8. Lucas 7:28.
9. Para el relato bíblico de la vida de Moisés, véanse Éxodo 2 y 3, y Hechos de los Apóstoles 7:17-38.
10. Hechos de los Apóstoles 7:25.
11. Véase Éxodo 3:10-22 para este evento histórico.
12. Véase Éxodo 4:1-17.

13. Véanse Deuteronomio 34:10-12 y Números 12:3 para esta paradoja.
14. C.S. Lewis, *Mere Christianity*, p. 111.
15. Véase Job 1 y 2.
16. Job 19:6-7.
17. Job 13:15-22.
18. Job 38:2-3.
19. Job 40:1-5.
20. Job 42:2-6.
21. 1 Pedro 3:18.
22. 1 Juan 1:9.
23. Juan 1:12.
24. Juan 14:26.
25. Juan 3:17-18.
26. Romanos 8:1-2.
27. Juan 11:25.
28. 1 Juan 5:13.
29. Efesios 2:8-9.
30. Pinnock, pp. 119, 121-2.
31. Lucas 19:10.
32. Mateo 11:28-30.
33. Romanos 10:9.

DANDO EL PRÓXIMO PASO

¡Te felicito por terminar de leer *Sorprendido por la Fe!* Si te ha sido útil en tu búsqueda personal de Dios, si ha respondido a preguntas que tenías acerca de la fe, o si ha fortalecido la fe que ya tenías, por favor házmelo saber. Por favor, marca la(s) casilla(a) apropiada(s), añade tus comentarios o preguntas y envíame esta tarjeta por correo hoy. (¡No te olvides de la estampilla!)

Don
Doctor Donald Bierle

❑ Sí, he orado por primera vez para empezar a confiar en Jesús como Salvador y Señor de mi vida, después de leer *Sorprendido por la Fe*. Por favor, envíame GRATIS lecciones bíblicas de tu libro, *Una Fe Que Crece*, para ayudarme a crecer en mi relación con Dios.

❑ He orado para renovar mi fe en Jesús como Salvador y Señor de mi vida después de haber leído *Sorprendido por la Fe*. Por favor envíame GRATIS lecciones bíblicas de tu libro, *Una Fe Que Crece*, e indícame cómo puedo conseguir un ejemplar completo del libro para fortalecer mi fe.

❑ No, no estoy listo para confiar en Jesús y seguirlo como Salvador y Señor de mi vida. Por favor, haz que alguien me llame o me envíe información sobre las siguientes preguntas o inquietudes.

Comentarios/Preguntas: _____
_____
_____
_____
_____

❑ Deseo saber cómo ponerme en contacto con **FaithSearch** y los *Encuentros de Fe*. Por favor llámame o envíame información sobre oportunidades de entrenamiento personal, crecimiento espiritual y cómo poder ayudar a organizar *Encuentros de Fe*.

❑ Me gustaría saber cómo puede mi iglesia o grupo usar los materiales de entrenamiento y evangelismo de **FaithSearch** o programar un evento en vivo. Por favor llámame o envíame información.

Nombre: _____

Dirección: _____

Ciudad: _____ Estado/Provincia: _____

Código postal: _____ País: _____

Teléfono: _____ Correo electrónico: _____

Edad: ❑ 13 o menos ❑ 14-18 ❑ 19-39 ❑ 40-59 ❑ 60+

Coloca la estampilla aquí. La oficina de correos requiere franqueo apropiado para enviar esta tarjeta.

FaithSearch
105 Peavey Rd., Suite 200
Chaska, MN 55318-2323
Estados Unidos de América

FaithSearch
Descubriendo el *¡Ajá!* de la Vida